어른이
되는
시간

어른이 되는 시간

초판 1쇄 발행 2019년 7월 10일

지은이 김달국
발행인 송현옥
편집인 옥기종
펴낸곳 도서출판 더블:엔
출판등록 2011년 3월 16일 제2011-000014호

주소 서울시 강서구 마곡서1로 132, 301-901
전화 070_4306_9802
팩스 0505_137_7474
이메일 double_en@naver.com

ISBN 978-89-98294-61-8 (03320) 종이책
ISBN 978-89-98294-62-5 (05320) 전자책

"어른이 되는 시간„

나이를 먹는다는 게 슬프기만 한 일은 아니다
지금 이 순간을 즐기고 사랑하는 어른의 지혜

김달국 지음

더블:엔

*
**
*
**
*
**

새털같이 많던 날들은 어느새 바람에 날려가고 이제는 거울 앞
에 오래 서 있고 싶지 않은 나이가 되었다. 나의 60년 지난날을
돌아보니 평범한 일상의 연속이었지만 반짝이는 날들도 많았
다. 행복한 일도 많았고, 수수께끼 같은 삶의 비밀도 조금씩 알
게 되었다.

나이를 먹는다는 것은 피할 수 없는 일이지만 한 해 두 해 나이
를 먹는 시간이 힘들고 슬프기만 한 것은 아니었다. 신은 삶의
보물을 골고루 숨겨 놓았기 때문이다. 나이를 먹으면서 육체는
과거보다 못하지만 지적으로 더욱 성숙해지고 세상을 보는 눈
이 더욱 깊어질 수 있다면 나이 먹는 것을 슬퍼할 필요가 없다.

"어제의 비 때문에 오늘도 젖어 있지 말고, 내일의 비 때문에
오늘부터 우산을 펴지 말라"는 말도 있는 것처럼 지금 여기에

살지 못하면 삶이 껍데기 밖에 남지 않는다. 나폴레옹은 말년에 모든 것을 잃고 "나의 불행은 잘못 보낸 시간의 보복이다"라고 후회했다. 우리가 사는 것은 '지금 여기'이며 과거 현재 미래가 따로 있는 게 아니라 지금이라는 시간 외에 다른 시간은 결코 존재하지 않는다는 것을 많은 시간을 흘려보내고서야 깨닫게 된다.

어른이 된다는 것은 육체의 성장이 아닌 정신의 성장을 의미한다. 지난 날 나를 힘들게 한 일들이 나를 어른으로 만드는 과정이었고 그런 시간 속에서 나는 조금씩 어른이 되어갔다. 성찰이라는 과정을 통해 경험은 힘이 되고 지혜가 되어 삶을 깊게 만들어주었다.

나이만 먹는다고 어른이 되는 건 아님에, 어릴 적 추억을 불러내어 관계와 자아에 대해 성찰해보고, 이 시대에 진정한 어른이 되는 지혜에 대해 함께 생각해보기 위해 글을 썼다. 작은 경험들 속에서 크게 느낀 것을 네 가지로 묶어보았다. 일상 속에서 지혜를 찾고자 하는 분들에게 도움이 되었으면 더 바랄 나위 없겠다.

1장 〈회상〉에서는 지난 시절을 추억했다. 빛바랜 흑백사진처럼 스치는 수많은 일 중 딱 잡히는 몇 장면을 그려보았다. 그때의 나는 더 어리기만 했을 뿐 지금의 나와 다르지 않았다. 지금의 나는 그때 모습의 연장이다.

2장 〈나〉를 아는 것은 세상을 아는 것만큼 어려운 일이다. 나를 알면 세상이 보이고 세상을 알면 내가 보인다. 나의 존재는 세상 전체의 무게보다 더 소중하다.

3장 〈관계〉는 나와 세상을 연결하는 끈이다. 관계는 균형을 잡는 일이 중요하다. 놓아서도 안 되고 너무 세게 잡아당겨서도 안 된다. 사람간의 관계를 유지하고 균형을 잡기 위해서는 내가 먼저 움직이고 상대의 움직임에 답해야 한다. 마음과 마음이 오고가야 관계가 유지되고 균형을 잡을 수 있다.

4장 〈성찰〉은 나 자신을 자세히, 깊이 살피는 것이다. 웅덩이가 깊어야 물이 모이고 생각이 깊어야 성숙한 삶이 된다. 나에게 일어나는 모든 일은 내 책임이다. 세상을 바꿀 수는 없지만 나를 바꿈으로써 더 나은 세상을 볼 수 있다. 같은 세상이지만 다르게 보면 다른 세상을 사는 것이다.

마라톤은 기록보다 끝까지 뛰는 것이 더 중요하다. 인생도 그
렇다. 나는 어디쯤 달리고 있는 것일까? 반환점은 이미 오래 전
에 넘겼고 30km 정도 달렸을 것이다. 달려본 사람들은 이때가
가장 힘들다고 한다. 포기하기에는 너무 많이 달렸고 끝까지
뛰기에는 너무 많이 남은 시기가 이때다. 그래도 끝까지 달려
야 한다. 등수보다는 끝까지 달리는 것이 마라톤의 정신이다.
찰리 채플린은 "인생은 가까이서 보면 비극이고, 멀리서 보면
희극이다"라고 했다. 지난 일들을 돌아보니 그때는 두려웠고
힘들었던 일들이 모두 우습고 아름답게 기억된다. '나에게 왜
이런 일들이…' 하면서 하늘을 원망했던 일도 지나고 보니 나
를 더욱 깊고 단단한 사람으로 만들기 위한 필연적인 과정이었
다는 생각이 든다. 앞으로 내가 어떤 일을 더 경험하게 되더라
도 그 또한 나를 만들어가기 위한 과정이라 생각하면 두렵지
않고 힘들어도 이겨낼 수 있을 것이다. 나의 평범한 경험과 삶
의 지혜가 아무쪼록 여러분들의 삶을 깊게 해주길 기원한다.

2019. 여름의 문턱에서
김 달 국

차 례

"어른들은 누구나 다 처음엔 어린아이였다.
그러나 그것을 기억하는 어른들은 많지 않다."

- 어린왕자

PART 1

회상

*
**
**
**
**
*

내가 흑백사진처럼 빛바랜 어린 시절을 회상하는 것은,

그것이 지금을 살아가고 미래를 살아가는 데

작은 풍향계 역할을 하기 때문이다.

사람의 본성은 쉽게 바뀌지 않는다.

어렸을 때 가지고 있던 생각의 무늬가 지금도 남아 있다.

앞으로도 크게 바뀌지 않을 것이다.

내가 어떤 사람인지 알고 싶으면 과거의 모습을 보고,

미래의 모습이 궁금하면 지금의 모습을 보면 된다.

원기소의 추억

내가 기억하는 최초의 어릴 적 모습은 세 살 무렵이었을 것이다. 아버지는 늦둥이 아들에게 영양제를 많이 사주셨다. 당시 어린이 대표영양제로 원기소와 에비오제가 있었는데, 그냥 씹어 먹기만 하면 되었고 맛이 고소했다. 아버지는 내가 아장아장 걸어 다니면서 먹는 게 보기 좋았던지 닭에게 모이를 주듯이 방바닥에 영양제를 흩어놓았다. 나는 방을 이리저리 돌아다니며 주워 먹었다.

세월이 흘러 나도 아이들에게 통에 들어 있는 큰 아이스크림을 사주었다. 셋이서 머리를 맞대고 숟가락으로 떠먹는 모습이 좋았다. 그때 아버지의 심정도 그랬을 것이다.

하늘에서 떨어진 남자

좀 더 자라면서 사람이 어떻게 해서 태어나는지 궁금했다.
"나는 어떻게 태어났어요?"라고 어머니께 물었다.
어머니는 "하늘에서 떨어지는 것을 치마로 받았다"고 흉내까
지 내면서 말했다. 그 말을 듣고 처음에는 내가 하늘나라에서
살다가 발을 헛디뎌 그만 땅으로 떨어진 줄 알았다. 어머니가
잘 못 받았으면 내가 죽을 수도 있었다는 생각이 들었다.
그 다음에 내 동생이 태어났다. 이번에는 어머니가 "다리 밑에
서 주웠다"고 했다. 하늘에서 떨어지는 것을 받는 것보다 그게
더 쉽겠다고 생각했다. 나중에야 그 다리가 그 다리가 아니라
는 것을 알았다.
어른들은 왜 진실을 말하는 것을 부끄럽게 생각할까.
내가 어른이 되어 보니 숨겨야 할 진실이 있다는 것을 알게 되
었다.

화성에서 온 남자

나는 이 세상에 오기 전에 다른 별에서 살았을 것이라고, 그 별은 지구에서 가장 가까운 화성일 것이라고 생각했다. 너무 멀면 오기 힘들기 때문이다.

전생에 바위 같이 높은 곳에서 떨어지거나 무거운 것에 깔려 죽었을 것 같은 생각이 들었다. 가끔 높은 곳에서 떨어지거나 무언가에 깔려 괴로워하는 꿈을 자주 꾸었기 때문이다.

내가 생각하는 것들이 사실이 아닐지도 모른다는 생각을 하면서도 마치 사실인 것처럼 동생들에게 이야기했다. 그들은 내 말을 믿었다. 그 다음부터는 그런 이야기를 하지 않았다. 나를 믿는 동생들에게 확실하지도 않은 것을 말하는 것이 부끄럽고 두려웠기 때문이다.

내가 죽으면 이 지구도 함께 멸망할 것이라는 생각도 들었다. 그때는 모든 것이 나를 중심으로 돌아가는 것이라고 생각했다. 철이 들면서부터 내가 사라져도 지구는 여전히 잘 돌아갈 것이라는 생각이 들었다. 언젠가 사라지는 것은 지구가 아니라 '나'라는 사실을 알고는 두려워졌다.

머리가 큰 아이

나는 어릴 때부터 머리가 컸다. 어머니는 그런 나를 낳으면서 고생을 하도 하셔서 얼굴이 많이 부었다. 부기 빠지는 데에는 늙은 호박이 좋다고 하여 많이 삶아 드셨다고 한다.

어릴 때 시골의 낮은 돌담에서 아버지가 나를 안고 있으면 얼굴이 어른 같다고 하여 어릴 적 별명이 '담 너머 어른'이었다. 나에게 길을 묻는 사람도 있었다고 한다.

어머니가 옷을 사주면 머리가 잘 들어가지 않았다. 벗을 때는 더 힘들었다. 눈이 까뒤집히고 피가 얼굴로 모여 얼굴이 붉게 되었다. 초등학교 입학식 날 어머니와 함께 모자를 사기 위해 문구점에 들렀지만 맞는 모자가 없었다. 어머니는 대구에서 제일 큰 서문시장에서 고등학생이 쓰는 모자를 골라주셨다. 그것도 잘 맞지 않아 한참 쓰고 있다가 벗으면 이마에 자국이 생겼다. 그때부터 나는 모자 쓰는 것을 별로 좋아하지 않았다. 그래서 지금도 골프를 치지 않는다.

꿈이 아니었다

네 살 정도 되었을 때의 이야기다.

그날은 비가 억수로 왔다. 아버지와 어머니가 마당에서 내리는 비만큼이나 시원하게 부부싸움을 했다. 아버지는 화가 나서 빨래방망이로 장독대에서 가장 큰 독을 깨버렸다. 하필이면 장이 담긴 독이었다. 검붉은 간장이 빗물과 함께 흘러갔다. 어머니는 간장이 빗물과 함께 흘러가는 것을 안타깝게 보고 계셨다. 그러나 그 다음에 벌어진 일에 비하면 그것은 아무 것도 아니었다.

잠시 후 나는 어떤 큰 힘에 의해 날아가는 것을 느꼈다.

내 몸이 허공을 날아가는 것까지는 알겠는데 그 다음에는 정신을 잃었다. 깨어보니 어머니가 나를 안고 울고 계셨다. 아버지가 홧김에 아무 잘못도 없는 나를 들어 마당으로 던진 것이다.

이 장면이 오랫동안 나의 뇌리에서 떠나지 않았다. 나는 이것이 내가 악몽을 꾼 것인지 실제 상황인지 정확히 구분이 되지 않았다. 이 장면은 잊을 만하면 생각이 났다. 아버지가 돌아가시고 몇 해 후 어머니께 조심스럽게 물어보았다. 어머니는 놀라면서 "그런 것도 기억하고 있나?"고 말씀하셨다.

나는 그것이 꿈이었기를 바랐지만 사실이었다는 것에 놀랐다. 한편으로 아버지가 살아계실 때 거기에 대해 한번도 물어보지 않은 것이 다행이라고 생각했다. 아버지는 그것이 내가 너무 어렸을 때의 일이라서 기억하지 못하고 있다고 돌아가실 때까지 생각하셨을 것이다. 다행이다.

책 이야기

초등학교 1학년 때 어머니가 학교 문구점에서 《홍길동전》과 《박문수전》을 함께 사주셨다. 책값은 두 권에 30원이었다. 당시에 곱창 1인분 가격이 30원이었는데 옛날이나 지금이나 책값은 정말 싼 편이다. 나는 그 책을 읽고 재미가 있어서 돈만 생기면 책을 샀다.

초등학교 6학년 때는 선생님이 《한국의 역사》라는 50권짜리 전집을 학급문고로 사오셨다. 돌아가면서 한 권에 5원씩 내고 빌려보게 하셨다. 그 당시에 5원은 호떡 한 개 값이었다. 나는 처음 접하는 우리나라 역사가 너무 재미있었다. 학기 말이 되자 우리 반 아이들은 거의 다 읽었다. 마지막에 돌아오는 책은 자기가 가지고 가는 것으로 하였다. 지금 생각해도 선생님의 좋은 아이디어로 역사공부도 하고 책 읽는 습관도 생겼다.

중학교 1학년 때 아버지가 세계위인전과 세계문학전집을 사주
셨다. 그때만 해도 책도둑이 있을 정도로 책이 귀했다. 나는 소
설책과 위인전을 같이 읽어나갔다. 위인전은 순서대로 읽지 않
고 일찍 죽은 사람 순으로 보았다. 괴테같이 오래 사는 사람은
싫었다. 31살에 죽은 슈베르트, 33살에 죽은 알렉산더, 35살에
죽은 모짜르트와 같은 위인을 먼저 읽고 83살까지 산 괴테는
가장 나중에 읽었다. 그렇게 한 이유는 짧은 생을 살면서 위대
하게 살다간 사람이 더 멋지게 보였고 나도 왠지 일찍 죽을 것
같은 생각이 들었기 때문이다.

처음 보는 라디오

초등학교 2학년 때 아버지가 일제 중고 라디오를 사오셨다. 라디오 뒤에는 사각모양의 커다란 건전지가 붙어 있었다. 여름에는 동네 사람들이 평상에 모여 라디오를 들으며 놀았다. 그때는 TV가 귀한 시절이었으니 라디오가 유일한 낙이었다. 드라마가 정말 재미있었다.

나는 조그마한 라디오에서 어떻게 사람 소리가 나는지 궁금했다. 정확하게 아는 사람이 없었다. "라디오 안에 꼬마 난장이가 있는 것이 아닐까" 라고 말하는 친구도 있었다. 그 친구는 "밥을 먹고 나서 한참 지나면 왜 배가 고플까?" 하고 묻는 말에 "이야기를 할 때마다 밥이 한 알씩 없어지기 때문" 이라고 말하는 아이였다. 지금 생각하면 그 친구는 굉장히 상상력이 풍부한 아이였다.

아이스케키 장사

초등학교 1학년 때 나는 자본금 100원으로 아이스케키(얼음과자) 장사를 했다. 누군가 나에게 그 장사를 하면 돈을 많이 벌수 있다고 말했기 때문이다. 아이스케키통을 어깨에 메고 다니면서 파는 것인데 보통 배짱으로는 할 수 없는 일이었다. 경찰이 단속했기 때문이다.

나는 숫자가 적힌 뺑뺑이(둥근판)를 돌려 꿩털이 달린 바늘로찍어서 나오는 숫자만큼 아이스케키를 주었다. 그런 뺑뺑이판은 보통 숫자가 높을수록 확률이 낮도록 그려져 있기 마련이었다. 덩치가 큰 아이들은 바늘이 숫자 경계에 애매하게 꽂히면많은 쪽으로 우겼다. 힘으로 안 되니 달라는 대로 줄 수밖에 없었다. 그렇게 해도 하루에 50원 정도 남았다. 100원으로 50원이 남으니 수익률이 굉장히 높은 장사였다.

오전에 학교 수업을 마치고 아이스케키 공장에 가서 통에 가득 담아 골목길을 누비면서 "아이~스케키"라고 큰 소리를 치면서 다니다가 살 사람이 있으면 바로 그 자리에서 뺑뺑이를 돌려 숫자를 찍게 했다. 경찰이 나타날 것 같은 곳에서는 골목으로 들어가서 찍었다. 꽤 재미있는 장사였는데 아버지에게 들키는 바람에 며칠 하다가 그만두었다. 지금 생각해도 그때 어린 나이에 어떻게 그런 생각을 했는지, 경찰을 피해서 해야 된다는 것을 어떻게 알고 했던 건지 신기하다.

영화포스터

초등 5학년 때 또 다른 장사도 했다. 밑천이 안 들고 경찰을 피하지 않아도 되고 말만 잘 하면 되는 것이었다. 당시에는 가게에 영화포스터를 붙이면 가게 주인에게 초대권을 주었는데, 나는 주인들이 영화를 거의 보지 않는다는 것을 알게 되었다.

3류극장 입장료가 50원이었는데 가게 주인에게 초대권을 25원에 사서 극장 앞에서 기다리다가 손님에게 살짝 다가가서 40원에 판다. 나는 15원 남고 그도 10원 이익이다. 가게 주인도 25원이나 남긴다. 그것도 오래 하지는 않았는데 어린 나이에 그런 행동을 했다는 게 지금 생각해도 기발하다.

어렸을 때의 기질을 잘 갈고 닦았더라면 다섯 살 때 야구장에서 병을 주워 팔아 돈을 벌어 세계적인 투자가가 된 짐 로저스는 아니더라도 꽤 잘 나가는 사람이 될 수 있었을 텐데 하는 아쉬움이 남는다.

극장 이야기

《로마인 이야기》로 유명한 시오노 나나미의《나의 인생은 영화관에서 시작되었다》는 책 제목처럼 나도 어렸을 때 극장에서 살다시피 했다.

초등학교 1학년 때까지 살던 집 근처에는 극장 두 개가 마주보고 있었다. 어머니와 함께 갈 때도 있었고 그렇지 않으면 극장 앞에서 어른이 들어갈 때를 기다려 같이 들어가기도 했다. 미취학 아동은 어른과 함께 가면 공짜로 들어갈 수 있었기 때문이다.

마음씨가 좋아 보이는 어른이 들어갈 때 "아저씨, 저 좀 데리고 가주세요"라고 하면 아저씨들은 흔쾌히 승낙했다. 그러면 나는 "고맙습니다" 인사를 하고 혼자 보고 나오는 것이었다.

영화가 끝나고 불이 켜지면 텅빈 무대와 하얀 스크린을 보면서

'우리가 울고 웃은 것이 저런 것이었나' 하는 허전한 생각이 들었다. 며칠 동안 영화 속 주인공처럼 행동했다. 주인공이 과묵한 성격이면 나도 며칠이고 말을 하지 않고 보내기도 했다. 무협영화를 보고 나면 높은 곳에서 뛰어내리기도 하고 어머니와 함께 철공소에 가서 검(劍)을 만들어 동네를 휘저으며 풀을 베기도 했다.

리더십

초등학교 5학년 때 반장을 했다. 어느 날 선생님이 교무실로 부르시더니 "내일 학교에 손님이 오시니까 교실 청소를 깨끗하게 해라. 마룻바닥에 초칠도 해라"고 하셨다. 나중에 알았지만 학교 손님은 장학사를 말했다. 당시에는 마룻바닥에 초칠을 하였는데 초칠을 하고 마른 걸레로 반질반질해질 때까지 문지르는 것은 힘든 작업이었다. 그 말을 듣는 순간 '그 많은 일을 왜 나에게 시킬까' 하고 생각하며 선생님을 속으로 원망하였지만 말을 하지는 않았다.

나는 우리 반 아이들을 다 집으로 보내고 혼자서 의자를 책상 위에 올려놓고 빗자루로 쓸었다. 혼자 하니 힘들었다. 밤새도록 해도 안 될 것 같았지만 하는 데까지 해보자고 생각하고 땀을 흘리며 하고 있을 때 선생님이 교실에 오셨다. 선생님은 벌컥 화를 내시며 물었다.

"다른 아이들은 다 어디에 있느냐?"

"모두 집으로 갔습니다."

"청소는 안 하고 벌써 가면 어떻게 하느냐?"

선생님은 더욱 화를 내셨다.

"선생님이 저보고 청소하라고 하셔서…."

나는 약간 울먹이며 말했다.

그 말에 선생님은 더욱 화를 내며 말했다.

"야! 누가 너 혼자 하라고 했냐. 같이 하라고 했지. 네가 반장이
니까 너에게 말했을 뿐이야!'

나는 그 말을 듣고 선생님을 원망하던 마음이 없어졌다. 그 대
신 나에게 뭔가 문제가 있다고 생각했다. 그때의 일은 내가 일
찍 리더십에 대해 눈을 뜨게 해주었다.

그때 나는 '반장은 다른 사람을 움직이게 하는 사람이고 다른
사람을 움직이게 하려면 기술이 필요하다'는 생각을 하게 되었
다. 그 후부터 나는 리더십에 대해 관심을 가지고 공부를 하기
시작했다.

반장을 하면서 가장 힘든 것은 회의진행이었다. 반장은 학급회
의의 의장이 되는데 그때 나는 진행하는 방법도 몰랐고 가르쳐

주는 사람도 없었다. 안건을 결정할 때 과반수로 한다는 것만 알고 있을 뿐 용어조차 몰랐다. "재청이오"라는 말이 '다시 한 번 무엇을 청하는 것'인지 '찬성을 의미한다는 것'인지 조차 몰랐다. 학급회의 날짜가 다가오면 며칠 전부터 잠이 오지 않을 정도였다. 당시엔 무엇을 배울 수 있는 곳은 책밖에 없었다. 그렇다고 책을 다 살 수도 없었다. 학교 옆에 작은 서점이 있었는데 거기서 책을 많이 보았다. 리더십, 회의진행, 인간관계에 관한 것을 책을 보고 배웠다. 링컨의 책을 보다가 유머를 알게 되었다. 그때부터 유머에도 관심을 가지게 되었다.

어린이 회장

초등학교 6학년 때 전교 어린이 회장이 되었다. 전교생이 5천 명이 넘는 큰 학교였다.

선거 날은 오전에 수업을 하고 오후에 투표를 했는데 4학년 이상은 전원 운동장에 나와서 아홉 명 후보자의 연설을 들은 후직접 투표를 했다. 나는 나에게 투표를 하지 않았다. 내가 나에게 투표를 하는 것은 바람직하지 않다고 생각했다. 내가 굳이나를 찍지 않아도 당선될 거라는 자신감도 있었다. 최선을 다했다. 결과는 압승이었다. 아버지는 그때가 가장 기뻤다고 말씀하셨다.

나는 내가 당선될 수 있었던 이유를 두 가지로 생각했다.

하나는 연설문을 다 외운 것이다. 담임선생님이 연설문을 써주지 않아 옆방에 사는 고등학생 형에게 부탁을 했는데 제법 잘

써주었다. 국민교육헌장 정도의 분량을 이틀 만에 다 외웠다. 그 형은 연설을 할 때 내가 어디에서 인사하고, 시선은 어디에 두며, 어디에서 힘주어 말해야 하는지 가르쳐주었다. 고등학생 치고 꽤 수준이 높았다.

또 다른 하나는 선거 당일 오전 수업시간에 4,5학년 교실을 한 바퀴 돌며 인사를 한 게 효과가 있었던 것 같다. 선생님이 선거하는 날 아침에 나를 부르시더니 "다른 선생님에게 다 이야기 해놓았으니 교실에 가서 인사만 하고 나와라. 수업중이라도 괜찮다"고 했다. 6학년 교실에는 당연히 들어갈 수가 없었다. 거기에는 회장 후보가 있었기 때문이다.

인연

초등학교 6학년 9월 하순경에 어떤 여자아이가 우리 반에 전학을 왔다. 졸업을 할 때까지 그 아이와 기억에 남을 만한 일이 한번도 없었다.

하지만 지금 내게 가장 소중하고 영향력이 있는 사람이 되었다. 맞선에서 만난 초등학교 여교사가 바로 그 아이였다. 이런 것을 운명이라고 하는 모양이다.

맞선을 보고 썩 마음에 들었던 건 아니었는데 초등학교 동기라는 사실이 우리를 결혼의 인연으로 이끈 것 같다.

나는 초등학교 때부터 일기를 썼는데 지금도 가지고 있다. 그 당시 상황을 보기 위해 일기장을 찾아봤지만 하필이면 그 날은 일기를 쓰지 않았다. 이순신 장군도 전투가 치열했던 날은 난중일기를 쓰지 않았다고 하는데 나에게 그날 무슨 바쁜 일이 있었던 모양이다.

독일의 철학자인 막스 뮐러는 《독일인의 사랑》에서 어느 늙은 현자를 통해 이렇게 말했다.

"나는 난파된 작은 배의 파편들이 바다 위에 떠 있는 것을 본 적이 있다. 몇몇 파편들은 서로 만나 한동안 붙어 있었다. 그러다 북풍이 몰아치자 하나는 서쪽으로 하나는 동쪽으로 떠밀려 갔고 다시는 만나지 못했다. 인간의 운명도 이와 같다. 다만 거대한 난파를 본 사람이 없을 뿐이다."

졸업 후 서로의 길을 가다가 많은 시간이 흐른 후 다시 만난 것은 인연일까, 우연일까?

그때 한 소녀가 우리 학교로 전학을 왔을 때 어떤 보이지 않는 힘이 작용하고 있었던 것일까. 아니면 우연을 필연으로 착각하고 운명적인 선택을 한 것일까.

우리의 삶은 우연으로 가장한 운명도 있고 운명으로 다가와 우연으로 끝나는 것도 있다. 우연과 운명 사이에 인연이 있다. 다른 건 몰라도 결혼은 인연이 있어야 된다고 생각한다. 별들이 우주의 질서에 맞게 돌아가는 것처럼 우리의 우연한 만남도 알 수는 없지만 이미 정해진 길을 가는 것은 아닐까 생각해본다.

웃기는 아이

나는 초등학교 때 성격이 조용하고 책임감이 강한 모범생이었다. 말과 행동에 무게가 있었다. 이런 나를 보고 어른들은 영감이라고 했다. 그런데 한편으로는 전혀 다른 성격이 있었다. 말을 재미있게 하여 다른 사람들을 많이 웃겼다. 영화나 TV를 보고 난 후 아이들에게 실감나게 이야기를 하여 내 주변에는 항상 아이들이 많았다.

5학년 때 선생님이 "장래 희망이 무엇이냐?"고 물으셨다.
나는 "의사"라고 말했다.
선생님은 "어떤 의사가 되고 싶으냐?"고 물으셨다.
나는 "산부인과 의사요"라고 대답했다.
우리 반 아이들이 다 웃었다.
내가 영화를 보고 친구들에게 이야기를 하면 내 주변에 몰려와서 입을 벌리고 들었다. 나는 신이 나서 가끔 거짓말을 집어넣기도 했는데 아무도 눈치 채는 아이들이 없었다. 이야기를 재미있게 하기 위해 약간의 거짓말을 하는 것에 대해 양심의 거리낌은 없었다. 어차피 내 이야기를 듣고 많이 웃을 뿐 그들이 손해나는 일은 없었기 때문이다. 생텍쥐페리도《어린왕자》에서 "재미있게 이야기를 하다 보면 조금은 거짓말을 하는 수도 있다"고 하였다.

나는 이야기를 재미있게 하기 위해 일부러 실수하는 척하여 웃음을 자아내기도 했다.

고등학교 때 학교에서 자유발언 시간이 있었다. 자기가 말하고싶은 주제를 정하여 3분가량 발언하는 것이었다. 나는 자살에 대하여 이야기하고 싶었다. 지금 만큼은 아니지만 그 당시에도 자살이 사회적인 이슈가 되곤 했다.

나는 앞에 나가 칠판에 '자살도 자유인가?'라고 쓰면서 살짝실수를 하는 척했다. 좀 유식한 척하면서 고의적으로 실수를하였다. 나는 칠판에 이렇게 적었다.

'自殺도 自曲인가?'

갑자기 폭소가 터졌다. 나의 본심을 눈치 채는 사람은 없었다.

나는 실수를 깨달은 척 당황하며 自由로 고쳤다. 내가 자살에 대해 심각하게 이야기하는 동안 나의 실수를 생각하며 내내 웃는 아이들도 있었다.

어느 것이 나의 참모습인지 알 수 없었다. 나의 정체성을 한마디로 말한다는 것이 쉽지 않았다. 지금도 마찬가지다. 그러다 보니 가끔 전혀 다른 모습을 보이는 나를 보고 놀라거나 실망하기도 한다.

어떤 사람은 이런 나에게 '두 얼굴을 가진 사람'이라고 부르기도 했는데, 그런 사람에게 나는 링컨의 유머를 패러디하여 "내가 두 얼굴을 가졌다면 왜 이런 얼굴을 가지고 다니겠느냐"고 대답해주곤 하였다.

음악시간

고1 음악시간에 놀라운 일이 벌어졌다. 번호순서대로 '홍하의 골짜기(red river valley)'를 불러 점수를 매겼다. 원어로 불러야 되니 곡조에도 신경을 써야 되지만 발음에도 신경을 써야 했다. 나는 긴장되었지만 성악가의 포스로 불렀다. 처음에는 앞이 잘 안 보였지만 점점 내 노래에 빠져드는 친구들의 얼굴이 보이기 시작했다. 자신감을 가지고 더욱 아랫배와 목에 힘을 주어 끝까지 불렀다. 노래가 끝나자 우레와 같은 박수와 함성 소리가 들렸다.

"서울대 음대 가라"고 말하는 친구들도 있었다. 한두 명이 그러면 장난으로 들릴 수 있지만 많은 사람들이 그러니까 정말 내가 노래를 잘 부른 것 같은 착각이 들었다. 이것이 착각이 아니길 바라면서 선생님의 심사평을 숨죽이고 기다리고 있었다.

"이런 것을 변조라고 하는 거야."

그 다음에도 무슨 말을 한 것 같은데 기억나지 않는다.

그 한 마디에 흥분된 교실 분위기는 찬물을 끼얹은 것 같이 되었다. 나는 '변조'라는 말이 무슨 뜻인지 정확하게 몰랐지만 좋은 것은 아니라고 생각했다. '음을 자기 마음대로 바꾼다'는 뜻으로 들렸다.

선생님은 진실을 말했을 것이다. 나는 진실을 말할 때가 가장 위험할 때라는 것을 살면서 두고두고 느꼈다. 자신에게는 진실이지만 상대에게는 상처가 될 수도 있는 것이다. 그 후 나의 노래를 들어본 친구는 없었다.

큰 거짓말

니체는 "착한 사람은 거짓말을 한다"고 말했다. 거짓말은 나쁜 사람이 하는 줄 알았는데 그게 아니었다. 결국 착한 사람이든 나쁜 사람이든 우리는 거짓말을 하며 살아간다. 사람들이 거짓말을 하는 이유는 자신의 이익을 위해서이지만 때로는 진실이 상대의 반감을 살 수도 있기 때문이다.

내가 기억하는 큰 거짓말은 초등학교 5학년 때 한 거짓말이었다. 겨울방학 때 외갓집에서 외사촌, 이종사촌과 함께 놀고 있는데 이모부가 오셔서 글짓기 대회를 한다고 하셨다. 주제는 자유이며 1등하는 사람에게 상금으로 100원을 주겠다고 하셨다. 그 당시 100원은 지금의 5만원 정도로 큰 돈이었다. 그때까지 나는 일기를 쓰는 것 외에는 글짓기를 해본 적이 없었다. 나는 할 수 없이 잔머리를 굴려 알고 있는 시조를 적었다. 장난삼

아 적기로 한 것이기 때문에 양심의 가책을 느끼지는 않았다.

> 이고 진 저 늙은이 짐을 벗어 나를 주오
> 나는 젊었거늘 돌인들 무거우랴
> 늙기도 설워라 커늘 짐을 조차 지실까

> - 송강 정철

나는 이 시조를 적으면서 설마 이모부가 모르지는 않을 것이라고 생각했다. 누가 봐도 초등학생이 그런 것을 지을 수 있다고 생각할 수 없기 때문이다. '들키면 장난'이라고 웃고 넘어가려고 했는데 이모부가 모르고 넘어간 것이다. 1등 상금은 내가 받게 되었다. 아무도 여기에 대해 이의를 제기하는 사람이 없었다. 나는 '이건 아닌데' 하면서 100원을 받고 칭찬까지 받았다. 양심의 가책은 그때부터 느꼈다. 이제 와서 아니라고 말할 수도 없고 난감했다. 나의 이런 행동이 거짓일까, 아니면 장난일까? 지금 생각해도 아리송하다.

친구 생각

중3 때의 일이다. 체육시간에 체육복을 안 가지고 가서 운동장에서 다섯 명이 엎드려뻗쳐를 하고 있었다. 어떤 덩치 큰 다른 반 녀석이 들고 있던 조그만 막대기로 한사람씩 엉덩이를 때리며 지나갔다. 다른 아이들은 그 녀석이 힘이 세다는 것을 알고 가만히 맞고 있었는데 나는 일어서서 한판 붙을 기세로 나갔다. 초등학교 4학년 때부터 태권도를 해서 싸우면 이길 자신이 있었기 때문이다. 한판 붙기 직전까지 갔지만 아이들이 말려서 일단 교실로 왔다.

교실에서 옷을 갈아입고 있는데 그 녀석이 우리 교실까지 찾아왔다. 복도에서 한판 붙었다. 승패는 싱겁게 나의 한판승으로 끝났다. 이단 옆차기가 그 녀석의 옆구리에 꽂힌 것이다. 나는 싸움을 잘 하지 않았을 뿐이지 못 하는 것은 아니었다. 다른 아이들은 내가 운동을 하고 있다는 것을 알고 있었는데 그 친구는 몰랐던 것 같다.

열흘 정도 지나서 학교 옆 분식집에서 우연히 그를 만났다. 그때 그가 나에게 한 말은 "야! 너 주먹 세더라" 였다. 나도 "그때 미안했다" 고 말하며 화해를 했다.

10여 년의 세월이 흐른 후 우연히 그 친구 이야기가 나와서 근황을 물어보니 '사고로 죽었다' 고 했다.

옛날 버릇을 고치지 못한 그 친구는 시장 상인들을 상대로 금품을 갈취하며 살았다고 했다. 어느 날 그가 대낮에 시장 좌판에서 소주를 한잔 하고 있을 때 마침 청소차가 지나가다 운행에 방해가 되자 경적을 울렸는데 그걸로 운전기사와 시비가 붙었다. 그 친구가 기사에게 욕을 하고 달려들자 기사는 그를 차에 매단 채 100미터 정도 달린 후 커브를 돌았고, 친구는 그만 건물 벽에 부딪쳐 그 자리에서 죽었다고 한다. 결국 그렇게 인생을 마감했다는 소식을 들으니 나도 가슴이 아팠다. 차라리 그때 회초리 한 방 맞고 참았으면 그렇게 가슴이 아프지는 않았을 것이다.

소설을 쓰다

고등학교는 집에서 도보로 20분 거리에 있었다. 어느 날, 유별나게 눈에 띄는 여학생과 마주쳤다. 갈래머리에 얼굴이 아주 예뻤다. 처음에는 예쁘다는 생각만 하며 지나갔지만 매일 같은 시간, 같은 장소에서 그녀를 스쳐 지나가다 보니 마음이 조금씩 움직이기 시작했다.

'어느 학교에 다닐까, 몇 학년일까, 이름은 뭘까, 그녀도 나를 생각하고 있을까…'

학교에 가서도 자꾸 생각났다. '내일은 말을 걸어봐야지' 했지만 막상 그녀가 지나가면 얼굴만 붉어지고 아무 말도 하지 못했다. '내일은 꼭 말을 하고야 만다'고 다짐했지만 용기가 없었다. 그녀가 지나가지 않는 날이면 걱정이 되었다. '어디 아픈 것은 아닐까, 내가 말을 걸어주지 않아 삐쳐서 다른 길로 간 것은 아닐까' 하는 마음도 들었다.

나는 배수진을 치기로 하고 친구들에게 말을 했다.

"내일 꼭 데이트 신청을 할 거다."

친구들과 약속을 했으니 더 이상 물러설 수 없었다. 멀리서 그녀가 보이면 방망이질치던 가슴은 거리가 좁혀지자 답답함으로 바뀌었다. 입이 떨어지지 않는 내가 바보 같았다.

호기심 많은 친구들을 실망시킬 수 없어 거짓말을 했다.

"이번 주말에 빵집에서 만나기로 했다."

친구들은 좋아하며 박수를 쳤다.

그때부터 나는 친구들에게 거짓말을 하기 시작했다. 한번 한 거짓말은 또 다른 거짓말을 만들어야 했다.

먼저 그녀의 이름을 진희라고 지었다. 날마다 거짓말은 계속되었고 나와 친구들은 청춘 러브스토리에 빠져들었다. 친구들은 내 주변에 몰려 진희 이야기를 해달라고 했다. 실감나게 이야기하다 보니 결국 한 편의 소설을 쓰고 말았다. 끝까지 그녀에게 말 한마디 해보지 못했지만 나의 소설은 계속되었다. 상상력을 발휘하여 친구들에게 신나게 이야기했고 나의 거짓말을 눈치 채는 사람은 없었다.

소설은 클라이막스를 향해 달리고 있었다. 내가 한 거짓말에 내가 속아 주인공이 된 것 같았다. 방학 때 상상 속의 그녀 집에도 갔다왔으며 키스 정도는 하는 사이라고 했다. 친구들은 부러워했지만 나는 가슴이 답답했다.

하지만 나의 이야기는 멈출 수 없는 기차가 되었다. 졸업 후 긴 터널을 빠져나온 것 같은 해방감을 느꼈지만 간혹 진희의 안부를 묻는 친구가 있어 깜짝 놀라기도 한다. 그 생각만 하면 지금도 얼굴이 붉어지고 가슴이 뛴다.

"나는 내 운명의 주인이며
내 영혼의 선장이다."

- 윌리엄 어니스트 헨리

: PART 2 :

나

**
**
**

나는 미약하지만 이 세상에서 유일무이하며

이 세상 무엇과도 바꿀 수 없는 소중한 존재이다.

나는 나의 꿈, 사랑, 행복

그리고 시간의 주체이며 세상의 중심이다.

하지만 나는 내가 누구인지,

얼마나 소중한 존재인지 모르고 살아왔다.

앞으로 더 많이 알고

사랑해야 할 존재가 바로 나다.

조사 하나 때문에

김훈이 쓴 《칼의 노래》 첫 문장은 "버려진 섬마다 꽃이 피었다." 이다.

그는 처음에 "버려진 섬마다 꽃은 피었다." 라고 썼다가 나중에 '버려진 섬마다 꽃이 피었다'로 고쳤다. 한 문장을 쓰는 데 수없이 많은 생각과 고민을 하는 데는 이유가 있다. 조사 하나가 전체에 큰 영향을 주기 때문이다. 처음 문장에는 작가의 주관적 생각을 넣었지만 두 번째 문장에는 주관이 배제된 객관적인 사실만 전달한 것이다. 이처럼 말을 하거나 글을 쓸 때 글자 하나가 중요한 역할을 한다.

나도 군대시절에 조사 하나 때문에 운명이 달라진 적이 있었다.

나는 전투경찰에 자원입대했다. 논산훈련소에서 훈련을 마치고 동기 여섯 명과 대구기동대 5중대에 배속되었다. 기동대에

서는 데모 진압훈련과 태권도를 많이 했다. 그 다음으로 많이 하는 것이 배구였다. 도심에 있는 기동대가 좁은 공간에서 할 수 있는 것은 배구밖에 없었다.

어느 날 연병장에서 배구를 하다가 휴식시간에 고참이 신병들을 일렬로 세우더니 "배구를 잘 하느냐?"며 한 사람씩 물었다. 나는 중간에 서 있었다. 앞선 동기들이 모두 "배구 못합니다"고 대답했다. 나는 동기들과 똑같이 말하는 것이 약간 어색해서 좀 다르게 표현하고 싶었다. 그래서 "배구는 못합니다"라고 말했다. 그랬더니 고참이 뭔가 재미있는 것을 발견한 표정으로 "어! 그러면 뭘 잘하느냐?"고 말했다.

그 말에 나는 "잘하는 것 없습니다"고 말했다.

"박아! 이 새끼야!"

고참은 버럭 화를 내면서 말했다. 원산폭격을 하라는 말이었다. 나는 머리를 땅에 박고 팔을 등 뒤로 하여 원산폭격을 했다. 군대에 갔다온 남자들은 그것이 얼마나 아픈 것인지 안다.

고참은 나에게 "잘하는 것을 말할 때까지 박아라"고 했다. 아무리 생각을 해도 내가 잘하는 것이 없었다. 머리가 아파 죽을 지경이었다. 온몸이 땀으로 범벅이 되었다.

고참이 재차 물었다.

"응원을 할 수 있느냐?"

나는 빨리 일어나고 싶은 마음에 악을 쓰며 말했다.

"할 수 있습니다."

한번도 해보지 않았지만 그 말을 하지 않으면 일어날 방법이
없었다. 고참은 나에게 응원을 해보라고 말했다.

나는 얼떨결에 한다고 했지만 어떻게 해야 할지 몰라 한참을
서 있었다.

고참이 다시 물었다.

"응원을 할래, 다시 박을래?"

나는 용기를 내어 말했다.

"응원하겠습니다."

대답은 했지만 하늘이 노랗고 다리가 떨렸다. 사람들은 내가
뭔가를 보여주기를 기대하는 표정으로 나를 보았다. 나는 이왕
할 거면 뭔가를 확실하게 보여줘야 되겠다고 생각했다. 그 당
시 유행한 노래 중 현숙의 〈정말로〉란 노래가 있었다.

"가슴이 찡하네요, 정말로~. 눈물이 핑도네요, 정말로~"

이 노래를 부르며 미친 사람처럼 흔들었다. 정말로 눈물이 핑
도는 것 같았다.

운동장에 앉은 120여 명의 중대원들은 나의 출처불명의 춤을 보면서 쓰러졌다. 정신이 나간 상태로 한 곡을 불렀는데 앵콜이 나왔다. 나는 이왕 미친 척하는 김에 한 곡 더 불렀다. 두 번째 노래는 이종용의 '너'라는 노래였다. 코미디 프로에서 본 배삼룡의 개다리 춤을 비롯하여 이기동의 땅딸이 춤 그리고 남철, 남성남의 왔다리갔다리 춤을 추며 운동장을 휘저었다.

더 이상의 앵콜은 없었다. 다 쓰러졌기 때문이다. 전부 배를 움켜잡고 웃느라 정신이 없었다.
왕고참이 나에게 앞으로 모든 사역에서 다 빼주겠다고 했다. 그 대신 배구응원을 책임지라고 했다. 그리고 중고참들에게도 앞으로 나에게 사역을 시키는 사람은 가만히 안 놔두겠다고 했다. 나는 모든 사역에서 열외였다. 다른 사람들이 일할 때 나는 TV 앞에서 쇼 프로그램을 보고 응원을 구상했다.
그해 경찰국장배 쟁탈 대구기동대 배구대회에서 우리 중대가 우승은 못했지만 응원으로 경찰국장의 눈길을 사로잡았다. 그 후부터 기동대에서는 배구보다 응원전에 더 열을 올렸다.

나는 말을 할 때나 글을 쓸 때 조사 하나의 중요성을 뼈저리게 깨달았다. 그때 응원단장을 한 것이 나에게 특별하고도 소중한 경험이 되었다.

하버드대에서는 응원단장을 한 경험이 있는 사람을 가장 높게 쳐준다고 한다. 그만큼 갖추어야 할 것이 많기 때문이다. 그때의 경험이 도움이 되었는지 많은 사람들 앞에서 노래면 노래, 춤이면 춤, 말이면 말, 무엇을 해도 떨리지 않는다. 분위기와 관계없이 내가 하고 싶으면 무엇이든 할 수 있는 배짱이 생긴 것이다.

닥치면 다 하게 되어 있다. 당시에는 그 일이 나를 어떻게 바꿀지는 모르지만 지나고 보면 모든 경험은 소중한 것이었다.

나만의 한 줄

말은 짧을수록 좋다. 명언은 다 짧은 말이다. 명사수는 한 발에 목표물을 명중시키고 뛰어난 검객은 한 칼에 상대를 쓰러뜨린다. 말을 잘하는 사람은 말을 길게 하지 않는다. 떠벌리기를 좋아하는 사람은 자신을 알아주지 않을까 두려워하기 때문이고, 말을 번잡하게 하는 사람은 자신이 하는 말의 가치를 스스로 믿지 못하기 때문이다.

글도 마찬가지다. 대체로 글이 길면 산문이 되고 짧으면 시가 된다. 시(詩)는 절(寺)에서 하는 말(言)이란 뜻이다. 선사들은 말을 길게 하지 않는다. 성철스님과 같이 "산은 산이요 물은 물이다"라고 짧게 말하면 그 말의 깊은 뜻이 전달된다. 시어(詩語)는 원래 짧지만 유난히 짧은 시가 있다. 두 줄로도 많은 말을 할 수가 있다.

「내려갈 때 보았네
올라갈 때 보지 못한 그 꽃」

고은의 '그 꽃'이란 시다.
시인이 쓴 것을 보면 무릎을 치겠는데 나는 산에 수없이 올라
갔다 내려오면서도 왜 그런 말을 할 수 없었을까.
고은의 또 다른 짧은 '노를 놓쳤다'는 시가 있다.

「노를 젓다가 노를 놓쳐버렸다.
비로소 넓은 물을 돌아다보았다」

또 한번 무릎을 치게 되었다. 노를 젓다 노를 놓친 적은 없지만
실수나 실패한 일은 많았다. 그때 보는 세상은 그 전과 다르게
보였다.

햇살이 맑은 어느 가을날 오후, 친구의 전시회장에 갔다. 강과
산만 그리는 친구다. 친구는 오랫동안 강을 그리더니 강을 닮
았다. 오래 생각하고 마음에 담아두고 살아가면 그렇게 되는
것 같다. 그림을 다 보고 아래층에 있는 공예품 전시장에 갔다.

유리창에 붙어 있는 시가 눈에 들어왔다. 공예품보다 시가 나의 마음을 더 뛰게 했다. 같이 오래 있어도 향기가 없는 사람이 있고 잠시 스쳐 지나가도 향기가 있는 사람이 있다. 글도 마찬가지다. 짧은 시가 긴 여운을 남겼다.

「나는 꽃이기를 바랐다
그대가 조용히 걸어와
그대 손으로 나를 붙잡아
그대의 것으로 만들기를」
- 헤르만 헤세, 연가

「행복한 일이 있을 때
만나는 것이 아니라
우리가 만나는 일이
행복이 되었으면」
- 최대호, 만나

「네가 나의 꽃인 것은 이 세상 다른 꽃보다 아름다워서가

아니다
네가 나의 꽃인 것은 이 세상 다른 꽃보다 향기로워서가 아
니다
네가 나의 꽃인 것은 내 가슴 속에 이미 피어있기 때문이다」

- 한상경, 나의 꽃

「돌아보지 마라
돌아보지 마라
뒤에는 꿈이 없다」

- 테라야마 슈지

어느 가을비 오는 주말이었다.
지인들과 토속적인 분위기가 있는 식당에서 한잔 했다.
식당 벽에 붓글씨로 쓴 글이 눈에 들어왔다.
가슴 속에서 종소리가 들렸다.

「보는 것 다 보고
듣는 것 다 듣고
말할 것 다 말하고

어떻게 남과 같이

어울려서 살아갈 수 있겠느냐」

식사를 하면서 계속 시에 눈길이 갔다. 도쿄 근처에 온천으로
유명한 닛꾜(日光)에 있는 원숭이가 생각났다. 거기에는 도쿠
가와 이에야스를 모신 도쇼구(東照宮)라는 사당이 있다. 그곳
에 유명한 세 마리의 원숭이 조각상이 있는데 각각 입과 귀와
눈을 막고 있다. '악한 것을 함부로 말하지 말고, 듣지도 말고,
보지도 말라'는 의미이다.

사람은 자신이 사용하는 언어의 세계를 벗어나지 못한다. 우리
가 시를 가까이 하는 것은 한 줄의 시가 우리의 삶을 맑게 하고
우리의 삶이 시를 닮아가기 때문이다. 우리 모두가 시인이 될
수는 없지만 한 줄의 문장으로 자신을 나타낼 수는 있다. 그런
글을 가슴에 품고 살면 인생도 글을 닮아간다. 꽃을 가까이 하
면 향기가 배고 시를 가까이 하면 시 같은 인생이 된다.

포항 근교에 기청산식물원이 있다. 그곳에 가면 가수 장사익의
말을 적어놓은 팻말이 있다.

"꽃을 자꾸만 보고 사랑하다 보면
어느새 그 사람이 꽃이 되어
꽃처럼 아름다운 가슴이 된다 했지요.
저는 새벽에 일찍 일어나 동트기 전
하늘에 반짝이는 별 쳐다보기를 즐겨왔습니다.
그랬더니 어느새 별을 닮아 별(스타)이 되었답니다."

말은 그 사람의 생각이다. 특히 자주 사용하는 말은 그 사람을
나타내는 상징과도 같으며 사람은 자신이 하는 말과 닮아간다.
생각이 말을 만들고 말이 행동을 만든다. 결국 말이 인생이 된
다. 말은 내면의 생각이 구체화되어 만들어진 것이다. 말을 다
룰 수 있으면 행동을 다룰 수 있고 행동은 다시 내면을 움직이
게 한다.

이순신 장군이 자주 쓰던 말은 '필사즉생 필생즉사(必死則生
必生則死)'이다. 장군은 결국 자신의 말처럼 행동했다. 전쟁이
사실상 끝난 것이나 마찬가지였던 노량해전에서 죽음으로써
역사에 영원히 살아있는 길을 택했다.

안중근 의사가 자주 쓰던 글은 '일일부독서 구중생형극(一日
不讀書口中生荊棘)'이었다. 안중근 의사는 감옥에서 사형되기

직전에도 간수에게 5분만 시간을 달라고 하여 그 시간에 책을 읽었다.

'나만의 한 줄'을 직접 만들어야 하는 것은 아니다. 이순신 장군이 한 말도 병법에 나오는 말이며, 안중근 의사가 한 말도 중국과 한국의 명문을 뽑아 편찬한 《추구(追口)》라는 책에 나오는 구절이다.

아르헨티나 출생의 의사이면서 쿠바 혁명가로 오늘날까지도 쿠바인의 가슴에 남아 있는 체 게바라의 "우리 모두 리얼리스트가 되자. 그러나 가슴 속엔 불가능한 꿈을 꾸자"는 말은 너무나 유명하다. 그는 자신의 말처럼 살다가 갔다.

그는 친구와 함께 오토바이 여행을 하던 중 라틴 아메리카의 가난과 고통을 체험한 후 쿠바의 반정부 혁명군에 들어가 주역이 되었다. 거기에 머무르지 않고 볼리비아에서 게릴라군을 조직하여 싸우다 정부군에 체포되어 죽음을 맞이했다.

물론 우리 모두가 그런 영웅이 될 수 없을 뿐만 아니라 될 필요도 없다. 다만 내 가슴에 와 닿는 말 그리고 나를 가장 잘 표현할 수 있는 짧은 글을 가슴에 새기며 살아갈 필요가 있다. 나의 생각이나 철학을 한 줄로 표현하여 그 한 줄이 나의 삶이 되게 해보자.

나를 움직이는 한 줄, 아니 세 줄은 이것이다.

카르페 디엠 (carpe diem),
아모르 파티 (amor fati),
메멘토 모리 (memento mori).

라틴어를 번역하자면 '이 순간에 충실하라, 자신의 운명을 사랑하라, 죽음을 기억하라'는 말이다.

'나만의 한 줄'을 찾는 것이 쉬운 일은 아니다. 그것을 찾기 위해서는 나 자신을 탐구해야 한다. 우리는 온갖 지식을 가지고 있으면서도 정작 자신에 대해서는 잘 모른 채 살아가고 있다. 그것을 찾아봄으로써 나를 알게 되고 그 한 줄이 내가 살아가는 데 등불이 된다. 하루하루의 삶이 나의 한 줄을 닮아가고 그렇게 세월이 쌓여 가면 결국 그런 인생이 된다. '나만의 한 줄'에는 나 자신의 인생관이나 생활철학이 담겨 있어야 하며 함축된 표현으로 짧을수록 좋다.

즐기되 끝까지 가지 마라

창고에서 날고 있던 파리가 꿀단지를 발견했다. 하지만 뚜껑
이 닫혀 있어 그림의 떡이었다. 그런데 마침 누군가 창고에 들
어왔다 나가면서 꿀단지를 넘어뜨렸다. 뚜껑이 열리면서 꿀이
쏟아지자 파리는 모처럼 맛보는 꿀맛에 정신이 팔려 다리와 날
개가 꿀에 빠지는지도 모르고 정신없이 핥아먹었다. 마침내 몸
전체가 꿀에 푹 빠져버려 옴짝달싹 할 수가 없었다.

육체의 욕망을 추구하는 것은 생명의 본능이다. 그러나 욕망을
지나치게 추구하면 심신이 황폐하게 될 뿐만 아니라 삶의 조화
가 깨진다. 욕망은 우리로 하여금 다른 자극을 끊임없이 추구
하게 만드는 마약과 같다. 그리하여 좀 더 자극적이고 좀 더 감
각적인 욕망의 늪에 빠져들게 된다.

육체의 욕망, 그 자체가 나쁜 것은 아니다. 욕망을 즐기는 것은
좋지만 무분별한 탐욕을 절제할 필요가 있다. 욕망의 즐거움은

행위가 끝나면 바로 사라진다. 욕망의 마지막에는 허무와 후회만 남기 마련이다.

우리가 욕망에서 완전히 자유로울 수는 없지만 의미 있는 삶을 살기 위해서는 절제가 필요하다.

권력은 그 어떤 욕망보다도 더 짜릿하지만 위험하다. 권좌에 오를 때는 내려올 때를 생각해야 하는데 꿀단지 속의 파리처럼 단맛에 취해 헤어날 줄 모르다 비참한 운명의 주인공이 된다. 유방을 도와 한나라의 개국공신이었던 장량은 스스로 물러

날 때를 알고 물러나 화를 면했다. 스스로 물러날 때를 모르고 권력의 주변에서 단맛을 즐기던 한신은 유방이 한고조가 된 뒤 모함을 받아 참형에 처해지는 비참한 운명의 주인공이 되었다. '낙불가극(樂不可極)'이라는 말이 있다. 즐거움이란 그 극단까지 누려서는 안 된다는 뜻이다. 이와 비슷한 말로 공자는 "기뻐하되 거기에 빠지지 않고, 슬퍼하되 정신을 못 차릴 정도가 되지 않는다(樂而不淫 哀而不喪)"는 말을 했다. 아무리 좋은 것도, 슬픈 것도 지나치면 안 된다는 말이다.

욕망을 추구하는 마음은 끝이 없고 그 끝은 대개 권태나 파멸이다. 세상 불행의 반은 끝까지 즐기려는 마음에서 시작된다. 아무리 맛있는 음식이라도 적당히 먹고 숟가락을 놓는 것이 좋고 술자리가 좋아도 반쯤 취했을 때 일어서는 것이 좋다. 일탈도 한두 번으로 그쳐야지 계속되면 타락이다. 그러나 이것을 한두 번만 하고 그치기란 아예 한번도 하지 않는 것보다 더 어렵다. 설탕을 맛본 사람은 다음에 반드시 꿀을 찾게 되어 있고 꿀맛을 본 사람은 반드시 바닥을 보게 된다. 관성의 법칙이 마음의 제동력을 이기기 때문이다.
맛있는 음식도 적당히 먹는 게 좋듯이 말도 적당히 하고 나머지는 여백으로 남겨두는 것이 좋다. 그 여백이 전체를 살려줄 때가 많다. 적당할 때 그쳐야지 말이 지나치면 오히려 해롭다. 상대가 어느 정도 알아들었다 싶으면 더 하고 싶어도 참아야 한다.

중국 남북조시대의 송나라 유의경이라는 사람이 편찬한《세설신어》라는 책에 인생의 3대 불행에 대한 내용이 나온다.

첫째 소년등과이다.

젊은 나이에 과거에 급제하여 관직에 오르는 것이다.

둘째 석부형제지세이다.

아버지와 형의 형세에 힘입어 높은 벼슬에 오르는 것이다.

셋째 유고재능문장이다.

재주가 높은데 거기에 문장실력까지 좋은 것이다.

얼핏 보면 이 세 가지가 모두 행운 같은데 왜 불행이라고 했을까?

너무 일찍 출세하면 나태해지고 오만해지기 쉬울 뿐만 아니라 남들의 시기나 질투의 대상이 되어 불행의 근원이 된다는 것이다. 자신의 능력이 아닌 다른 사람의 배경으로 높은 자리에 올라가거나 재주가 좋은데 글까지 잘 쓰는 사람은 교만해지기 쉬

워 스스로를 제어하지 못하고 큰 낭패를 당해 결국 불행해지기
쉽다는 뜻이다.

나는 어렸을 때 부잣집도 아니고 가난한 집도 아닌 적당한 집
에서 자랐고, 크게 똑똑하지는 않았지만 선두그룹에 있었다.
내세울 외모는 없었지만 사랑받을 만큼은 되었고, 노래는 못하
지만 노는 자리에 빠져서는 안 되는 사람이었다. 아직 큰 뜻을
이루지는 못했지만 작은 꿈은 이루었다.
만약 내가 지금보다 더 잘 나가고 더 많이 가졌더라면 더 행복
해질 수 있었을까?
그럴 수도 있고 아닐 수도 있다. 나는 지금의 나에 만족한다.
그렇다고 아쉬움이 없는 것은 아니다. 이루지 못한 꿈은 앞으
로도 이룰 기회가 있다. 아직 경기는 끝나지 않았기 때문이다.

스마트폰 유감

스마트폰 가입자가 5천만 명을 넘었다. 이제는 누구나 손가락 하나로 세상의 필요한 정보를 찾고 세상과 소통을 하는 시대가 되었다. 분명 현대인의 필수품이지만 과도하게 사용하면 부작용도 크다. 폰에는 많은 장점이 있지만 적절하게 균형을 잡지 않으면 부작용이 크다. 마법의 도구이면서 너무 쉽게 빠져드는 폰의 중독에서 벗어나려면 어떻게 해야 하는가?

폰의 가장 큰 장점은 손바닥 안에서 무한에 가까운 일들이 가능하다는 데 있다. 그래서 너무 쉽게 중독이 된다는 게 가장 큰 단점이다. 우리나라 사람들의 하루 평균 TV 시청시간과 스마트폰 사용시간은 각각 3시간, 총 6시간으로 하루의 4분의 1을 차지한다. 젊을수록 TV보다 폰 사용시간이 더 많다. 반면 하루에 책을 읽는 시간은 얼마나 될까. 고작 6분밖에 안 된다. 스마트폰이 나오기 전만 하더라도 지하철에서 책을 읽는 사람들이 조금은 있었다. 그런데 요즘 십중팔구 무표정한 얼굴로 폰을 보며 검색 삼매경에 빠져 있다. 책을 읽지 않는 것이 더 이상 부끄럽지 않은 시대가 되었다. 오히려 책을 읽는 사람이 더 이상한 사람으로 보이기도 한다.

폰을 통해 지식과 지혜를 배울 수 있으면 다행이다. 이것이 나온 후 사람들이 주로 하는 것은 게임, 스포츠, 드라마, 카톡, 만화, 야동 등 말초신경을 자극하는 것이 대부분이다. 스마트해지기는 커녕 디지털치매를 걱정하게 되었다.

나도 폰에 빠져들 때가 종종 있다. 가장 많이 보는 것이 유튜브다. 그 안에서 어학이나 인문학 강좌도 이용하지만 보지 않아도 되는 영상에 시간을 많이 빼앗기기도 한다.

폰의 가장 큰 문제는 자신을 돌아보기 어렵다는 데 있다. 인간은 혼자 있을 때 정신적으로 성숙해진다. 고독을 느낄 때 나를 돌아보게 되며, 내가 어디에 있는지, 어디로 가는지 생각해볼 수 있다. 현대인들은 홀로 있는 시간을 두렵게 생각하며 군중 속으로, 디지털이 만들어주는 네트워크 속에 숨고 싶어 한다. 잠시라도 폰이 울리지 않으면 자신이 살아 있다는 것을 확인하지 못해 불안하다. 혼자 가만히 있는 게 두려운 것이다.

두 번째 문제는 집중을 하기 어렵다는 것이다.

심리학자 칙센트미하이는 인간이 경험할 수 있는 최고의 상태를 '몰입'이라고 했다. 시도 때도 없이 울리는 폰 때문에 몰입을 할 수가 없다. 대화도 자꾸 끊기고, 식사를 할 때도, 공연을 볼 때도 손에서 폰을 놓지 못하고 있다. 삶의 속도는 있으나 깊이가 없으며 언제나 분주하게 살 수밖에 없다.

세 번째, 인간관계에 문제가 생긴다.

멀리 있는 사람과는 쉽게 소통을 하면서 가까운 사람과는 멀어지게 된다. 최근 혼밥, 혼술하는 사람들이 많아졌다. 멀리 있는 사람은 가깝게 만들어주지만 가족이나 친구와 같이 가까운 사람들을 더욱 멀어지게 한다. 불특정 다수와의 소통도 필요할 때가 있지만 가까운 사람과의 친밀한 관계가 삶을 행복하게 만든다.

두 사람이 밥을 먹으면서도 대화는 없고 각자의 폰을 만지기 바쁘다. 문명의 이기가 아무리 발달해도 인간관계는 아날로그다. 직접 만나서 부대끼며 이야기하고 같이 밥을 먹으면서 관계가 깊어진다. SNS상에서 소통을 하는 사람이 수천 명이라도 만날 수 있는 친구가 없다면 삶이 얼마나 팍팍할까.

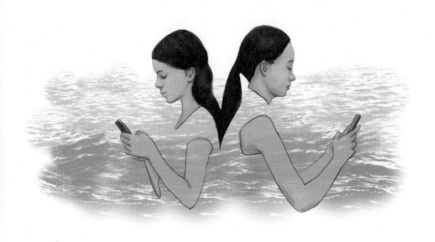

교통수단이 발달할수록 더 많이 걷는 게 필요하듯이 디지털기기가 발달할수록 아날로그적인 생활이 필요하다. 디지털업계는 아날로그를 소중히 여긴다. 스티브잡스도 자신이 만든 아이패드를 자녀에게 금지했고, 트위터, 블로그 그리고 미디엄을 공동 창업한 에반 윌리엄스는 커다란 서재를 갖추고 테크놀로지 대신 서재가 있는 집에서 산다.

우리가 부채를 가지고 태풍을 막을 수 없는 것처럼 디지털 세상으로 변하는 것을 막을 수는 없다. 하지만 '좋은 것은 더 좋은 것의 적'이라는 말처럼 스마트폰이 편리하고 강력한 도구이지만 그것 때문에 소중한 것이 멀어진다면 좋은 삶이라고 볼 수 없다.

눈을 뜨면서부터 잠자리에 들 때까지 폰만 들고 있지 말고, 책을 보고, 사랑하는 사람의 손을 잡고 걷고, 내 앞에 앉은 사람의 눈을 보고 이야기 해보자.

진정한 나의 모습

어느 주말 저녁, 지인이 운영하는 카페에서 인문학 강의를 했다. 퇴직 후 포항 근교에 카페를 차린 지인은 음악회, 갤러리, 인문학 강의 등으로 자신의 카페를 적극적으로 홍보하고 있었다. 그날은 30명 정도 참석했는데, 강의 후 10분가량 질문을 받았다. 한 50대 후반의 남성이 이렇게 말했다.

"세상에는 어떻게 살 것인가에 대한 많은 조언이 있지만 정말 내게 맞는 것이 무엇인지 잘 모르겠다. 내가 정말 어떻게 살아야 할 것인가에 대한 답을 듣고 싶다."

그에게 어떤 말을 해도 세상에 나와 있는 수많은 조언에 또 하나의 조언을 보태는 것밖에 안 될 거라는 생각이 들어 나는 길게 설명하지 않고 짧은 비유를 들었다.

"세상에서 가장 좋은 신발은 내 발에 맞는 신발이다. 아무리 명품 구두라고 해도 내 발에 맞지 않으면 좋은 신발이 아니다. 명품을 찾지 말고 내 발에 맞는 구두를 찾아라."

그는 밝은 표정을 지었다.

이 이야기는 내 경험에서 나온 말이었다. 약 10년 전에 아내가 이탈리아에서 명품 구두를 하나 사가지고 왔다. 나도 명품 구두를 한번 신어보나 하고 마음이 들떴다. 내 사이즈는 255인데 구두는 260이었다. 끈이 없는 신발이어서 크기를 조절할 수 없었다. 깔창을 넣어보았지만 효과가 없었다. 시내를 한 시간 정도 걸었는데 어지럽고 토할 것 같았다. 구두수선 가게에 가서 알아보았지만 줄일 수 없다고 하였다. 할 수 없이 아는 사람에게 반값에 팔았다.

대부분 자신의 길을 찾지 못하고 대중이 가는 길을 따라가고 있다. 그런 길은 편하게 갈 수는 있지만 나에게 맞는 길이 아니다. 사람마다 발의 모양과 크기와 다르듯이 자신의 길이 다르다. 나의 길을 찾지 못하는 것은 나에 대해 잘 모르거나 알아도 그 길을 갈 용기가 없어서이다.

나를 알아야 자신 있게 선택할 수 있다. 나를 모르면 내가 좋아하는 것이 아니라 많은 사람들이 좋아하는 것을 선택하게 된다. 내 선택이 흔들리지 않게 하려면 나를 믿어야 한다. 주체는 나이며 다른 사람의 의견은 배경일 뿐이다.

나는 전에는 선택에 있어 소극적이었다. 중국집에 가면 다른 사람이 시키는 것을 보고 같은 것을 주문했다. 지금은 내가 먹고 싶은 것을 가장 먼저 주문한다. 그렇게 하였더니 다른 사람들이 나를 따라 주문했다. 전에는 물길을 따라 갔지만 지금은 내가 가는 길이 물길이 되었다.

가장 큰 무지는 자기 자신에 대해 모르는 것이고, 가장 큰 불안은 자신을 믿지 못하는 것이다. 가장 큰 불행은 자기 자신으로 살지 못하는 것이다.

오늘도 어깨를 펴고 활짝 웃어보자. 내가 나를 모르는데 어찌 남이 나를 알아주길 바라며, 스스로를 믿지 못하는데 어찌 남이 나를 믿어주길 바라겠는가. 특별한 일이 아니면 다른 사람의 의견에 따라갔지만 지금은 그렇지 않다. 다른 사람들을 의식할 필요 없이 내가 선택하고 그 결과에 대해 내가 책임을 진다.

누군가를 닮으려고 하지 말고 자신의 모습으로 살아가라. 예쁜 꽃을 피우려고 하지 말고 자신의 꽃을 피워라. 꽃 피기 전에는 아무도 거들떠보지 않던 나무도 자신만의 꽃을 피우면 모두가 쳐다본다. 진달래도 그렇고 개나리도 그렇다.

음주가무를 좋아하는 우리민족은 어디에 가든 노래가 빠지지 않는다. 나는 노래를 잘 못하지만 노는 곳에 가면 인기짱이다. 사람들은 내 노래보다는 막춤에 더 관심을 갖는다.

언젠가 문화단체 회원들과 함께 부여에 답사를 간 적이 있었다. 낙화암 가기 전에 〈사자루〉라는 암자가 있는데 거기에서 '꿈꾸는 백마강'을 불렀다.

노래가 끝나고 한 회원이 모자를 돌렸는데 14만원이 걷혔다. 앵콜을 네 번까지 받아보았다. 회원 중에서 기타 연주와 노래에 능한 사람이 있었는데 그는 나의 앵콜에 몹시 의아해했다. 자신도 받지 못하는 앵콜을 내가 받는 것이 이해가 되지 않았을 것이다.

노래를 잘하는 사람이 있고 못하는 사람이 있듯이 말도 그렇다. 나는 말을 유창하게 하지 못한다. 고등학교 한 선배는 나보고 글은 잘 쓰는데 말은 잘 못한다고 했다. 나는 웃으면서 "신은 우리에게 다 주지 않는다"고 해주었다.

나는 체질적으로 달변보다 눌변이 잘 어울린다.

달변가가 되려고 한 적도 없고 체질에 맞지도 않다.

달변이 장점이 될 수도 있지만 달변가는 생각만큼 상대의 공감과 호응을 얻지 못한다. 말을 청산유수같이 하는 사람은 상대방이 끼어들 틈을 주지 않는다.

대화란 서로 주고받는 것이 되어야 하는데 달변가와 함께 있으면 일방적으로 끌려가는 느낌을 받는다. 사람은 상대의 유창한 말을 듣는 것보다 자신의 말을 하고 싶어 하는데 달변가 앞에서는 주눅 들기 십상이다. 말할 기회조차도 갖지 못한다면 상대가 아무리 말을 잘 한다 하더라도 좋게 보이지 않는다. 노래를 잘 부르는 사람보다 내가 노래 부를 때 박수를 쳐주거나 어깨에 손을 올려주는 사람에게 정이 더 가듯이 달변가보다 진정을 담아 말하는 사람에게 더 끌리는 것을 보면 알 수 있다.

말은 유창하게 하는 것보다 자신의 언어로 말하는 것이 중요하다. 어눌하면 어눌한 대로, 더듬으면 더듬는 대로, 사투리가 있으면 있는 대로 자신의 언어로 말하면 듣는 사람의 공감을 얻을 수 있다. 참다운 대화가 되기 위해서는 화려한 수사(修辭)가 중요한 것이 아니라 내용과 전달하는 사람의 마음이 더 중요하다. 아나운서나 정치인이 되려는 게 아니라면 말을 청산유수처럼 하려고 하지 말고 자신의 특성을 살려 상대의 마음을 얻는 것이 중요하다.

"말을 잘한다는 것은 달변을 의미하는 것은 아닙니다.

말을 못하지만 쉽게 마음을 얻어 가는 사람도 많습니다.

그런 사람이 정말 말솜씨가 뛰어난 사람입니다. 내가 알고 있는 사람 중에 '어당팔'이라는 분이 있습니다. '어리숙한 사람이 당수 팔단'이라는 말을 줄여서 붙여준 이름입니다.

이 분은 말을 조금 더듬습니다. 달변과는 거리가 먼 분이지요. 사람들은 끊어질 듯 끊어질 듯 더듬는 그의 스피드에 조마조마 하다가 느닷없는 반전에 홀딱 넘어가곤 합니다.

이 분은 말을 못하지만 유머 감각이 뛰어납니다.

특히 비유를 매우 잘합니다. 그 비유가 매우 적절하여 사람들은 갑자기 마음을 트고 웃고 맙니다. 그에게 말솜씨는 곧 유머인 것입니다."

구본형 선생님이 어느 글에서 한 말이다.

여기에 나오는 '어당팔'은 바로 나를 두고 하는 말이다.

동서고금을 통해 뛰어난 이들은 어눌한 말로도 상대를 감동시켰다.

소크라테스는 결코 달변가가 아니었다. 노자도 대변약눌(大辯若訥)이라고 하여 달변을 경계하고 눌변을 강조했고, 공자도 화려한 말재주를 부리는 교언영색(巧言令色)을 멀리하였다.

한비자와 모택동도 글로써 천하를 움직였지만 말은 어눌하였다. 괴테는 "사람을 가장 감동시키는 것은 가슴 속에서 나오는 말" 이라고 했다.

입에서 나오는 말이나 잔머리를 통해 나오는 말은 깊이가 없어 감동을 주지 못한다. 말은 기술이 아니라 인격이다. 훌륭한 인격이 뒷받침되지 않으면 말에 힘이 실리지 않는다.

즐겁고 재미있게 사는 법

사람은 지적이며 영적인 존재지만 행복이라는 영역에서는 어린아이와 같을 때가 많다. 도스토예프스키의 말처럼 행복은 선반 위에 두고 불행만 세고 있다.

스스로 행복을 느끼지 못하고 타인의 불행에서 행복을 확인하기도 하며, 스스로 불행에서 벗어나지 못하고 타인의 불행을 딛고 벗어나기도 한다. 작은 행복에는 눈길도 주지 않으면서 마른하늘에 무지개를 기다리듯이 큰 행복을 기다린다.

고대 이집트 사람들은, 사람이 죽으면 신 앞에 가서 심판을 받는데 천국과 지옥의 기준을 '살아오면서 자신이 즐겁게 살았는지, 자신으로 인하여 다른 사람들을 즐겁게 하였는지'라고 믿었다.

재미있게 사는 것은 행복과는 약간 다른 개념이다. 행복하게 살기 위한 가장 확실한 것은 즐겁게 사는 것이다. 즐거운 사람은 행복을 느낀다. 행복은 추상적인 개념이며 도달하기 위해 수많은 길이 있다.

즐겁게 살기 위한 방법이 세 가지 있다.

첫째, 남과 비교하지 않는 것이다. 비교하는 것은 본능이지만 행복과는 거리가 멀다. 어떤 사람이든 각자의 길이 있고 자신만의 가치가 있다.

"위로 견주면 모자라고 아래로 견주면 남는다"는 말도 있다. 위로 비교하면 비참해지고 아래로 비교하면 교만해지는 것이 사람의 마음이다.

처음 보는 여자에게 마음이 더 끌리는 것은 잘 모르기 때문이고, 어쩌다 보는 사람이 행복해 보이는 것은 웃고 있는 겉모습만 보기 때문이다.

남의 집 잔디가 더 푸르게 보인다. 그것은 거리가 만들어낸 착시효과이며 자신의 것은 보지 못하고 상대의 것만 보는 마음 때문이다.

누군가가 부러운 삶을 살고 있다고 생각한다면 많은 것들 중에 일부만 보고, 상대의 좋은 모습과 자신의 초라한 모습을 비교하기 때문이다. 비교는 어느 하나만 떼서 보는 것이다. 꽃이 아름답지만 꽃에 얽힌 전설은 슬프듯이 그 사람의 겉모습을 보고 부러워하지만 그 사람이 속으로 울고 있는지 아무도 모른다.

큰 나무가 될 필요는 없다.
어디에도 없는 자기만의 나무가 되면 된다.
그러면 누군가 그 나무를 찾아올 것이다.
화려한 꽃이 될 필요는 없다.
자기 고유의 꽃이 되면 된다.

- 다니카와 슌타로(일본의 국민시인)

거북이는 토끼와 비교하지 않는다. 경주는 더더욱 해서는 안된다. 동화는 동화일 뿐이다. 세상에는 나보다 더 잘나고 똑똑하고 복이 많은 사람이 있다는 것을 인정해야 한다. 내가 부러워하는 것은 그 사람의 겉모습일 뿐이다. 내가 타인을 부러워하듯 나 또한 그들 눈에 그렇게 비칠 수도 있다. 비교해야 한다면 남과 할 것이 아니라 과거의 나 자신과 해야 한다. 남보다나은 것이 중요한 게 아니라 어제의 나보다 나아지는 것이 더 중요하다.

나는 사는 게 힘들다고 느낄 때조차도 내가 가지고 있는 작은 행복을 잊지 않는다. 지금은 송곳 꽂을 땅이 없는 것을 슬퍼하지만 내일은 송곳마저 없어질 수도 있는 것이다. 지금도 힘들지만 나중에는 이보다 더 힘들어질 수도 있다고 생각하면 당연하다고 생각되는 지금이 아주 소중하게 느껴진다.

둘째, 다른 사람을 지나치게 의식하지 않는 것이다.
인간은 사회적인 동물이기 때문에 타인을 의식하지 않을 수는 없겠지만 지나치면 나답게 살아가는 데 걸림돌이 된다. 대부분의 불행은 남들 눈치를 보고 남들의 생각이나 평가에 맞춰 살아가려고 하기 때문에 일어난다.
타인의 눈을 의식한 나머지 우리는 웃고 즐길 수 있는 기회를 많이 놓치고 살아가고 있다. 나만의 걸음으로 얼마든지 즐겁게 걸어갈 수 있는데도 다른 사람의 걸음에 보조를 맞추느라 힘들게 걸어가고 있다. 즐겁게 춤추고 노래할 수 있는데도 남을 의식하며 무겁게 살아가고 있는 것이다. 타인은 내가 생각하는 것만큼 나를 생각하지 않는다. 내가 지나치게 그들을 의식하고 있을 뿐이다.

상대방에게 나를 마음대로 판단할 권리를 인정해주어라.

남들이 나에 대해 나쁜 평가를 내릴 수 있으며, 욕하거나 미워할 수도 있다. 나도 내 마음을 조절하지 못하는데 상대방의 마음을 무슨 수로 조종하겠는가.

그것은 그들의 문제일 뿐, 내가 상관할 바는 아니다.

내가 처음 책을 쓰려고 할 때 주변에서 지지하는 사람보다 만류하는 사람이 더 많았다. 다른 사람의 비판을 어찌 견디려고 하느냐는 것이었다. 거기에 마음이 흔들렸다면 지금까지 한 권도 쓰지 못했을 것이다. 많은 만류를 뿌리치고 책을 내고 보니 비판하는 사람보다 관심과 격려를 보내주는 사람이 훨씬 더 많았다.

남에게 인정받으려고 애쓰지 마라.

내가 인정받을 만한 사람이라면 굳이 애쓸 필요가 없고, 내가 그런 그릇이 못된다면 애써도 소용없다. 상대방에게 인정받고자 하는 마음이야말로 나를 옭아매는 것이다.

나를 믿으면 인정받지 않더라도 아쉬울 것이 없다.

성인으로 칭송받는 공자도 모든 사람들에게 인정받은 것은 아니었다. 그래서 남이 나를 알아주지 않아도 성내지 않는 여유를 군자삼락의 하나로 꼽았던 것이다. 공자가 천하를 주유했다는 것은 어디에서도 인정받지 못했다는 반증이기도 하다.

세 번째는 상상력이다.

안도현의《연어》라는 책에 이런 말이 나온다.

"사랑하는 사람과의 첫 입맞춤이 뜨겁고 달콤한 것은 그 이전의 두 사람의 입술과 입술이 맞닿기 직전까지의 상상력 때문이다."

상상력은 중년의 삶에서 더욱 필요하다. 어쩌면 행복도, 불행도 상상력의 결과일지도 모른다. 행복한 사람은 좋은 상상을 많이 하는 사람이고, 불행한 사람은 나쁜 상상을 많이 하는 사람이다.

어렸을 때는 무엇을 하더라도 즐거웠다. 그때는 상상력이 풍부한 시절이었다. 나이가 들면서 사는 재미가 없어지는 것은 상상력이 줄어들기 때문이다.

같은 것을 보더라도 어떻게 보느냐에 따라 다르게 보인다. 어린왕자에 나오는 이야기처럼 가장 소중한 것은 눈에 보이지 않는다. 마음의 눈으로 보아야 보인다. 마음의 눈으로 보는 것이 바로 상상력이다. 우리 주변에 있는 것들을 보이는 대로 보지 말고 마음의 눈으로 보자. 오랫동안 같이 살아온 배우자도 항상 보던 대로 보지 말고 상상력을 발휘하여 보면 전과 다르게 보일 것이다. 밝은 치마에 머리띠를 둘러맨 아내를 보고 알프

스 소녀 하이디를 생각한다면 당신은 알프스에 사는 것이다.

행동에는 좋고 나쁨이 있어도 상상에는 좋고 나쁨이 없다. 인간의 무한한 상상력을 제한할 필요는 없다. 오히려 더욱 적극적으로 갈고 닦아야 한다. 상상력은 섹스에서도 필요하다. 섹스는 뇌로 하는 것이다. 유리를 앞에 두고 키스를 하더라도 상상력만 있으면 짜릿하다. 상상에는 어떤 제한도 없다. 불감증이란 다른 원인이 있을 수도 있지만 상상력의 부족이 원인이 될 수도 있다.

첫사랑

첫 경험은 언제나 아름답게 기억된다. 첫사랑이 아름다운 것도 그 때문이다. 잊기에는 너무 아름답고 이루어지기에는 너무 어설픈 사랑, 그것이 첫사랑이 아닐까.

가슴에 고향이 있는 사람은 어디에 살아도 외롭지 않다. 첫눈이 올 때 첫사랑을 떠올릴 수 있는 사람도 그렇다.

사랑의 감정은 아무나 느낄 수 있지만 사랑은 아무나 하는 것이 아니다. 사랑에도 배워야 할 기술이 있다. 첫사랑이란 운전 기술이 없어 자동차를 타보지도 못하고 좋아하기만 하던 사람이 세월이 지나 그 차를 추억하는 것과 같지 않을까.

《어린왕자》에 "네 장미꽃을 그렇게 소중하게 만든 것은 그 꽃을 위해 네가 소비한 시간이란다" 라는 말이 나온다.

첫사랑은 영혼을 메마르지 않게 하는 옹달샘이다. 첫사랑이 아름다운 것은 이루어지지 않은 미련 때문에 더 크게 보이기 때

문일까, 아니면 그 사람을 사랑한 것보다 더 아름다웠던 시간과 사건 때문일까?

첫사랑에 대한 회상은 피천득의 〈인연〉에도 잘 나타나 있다. 그의 동경유학 시절, 하숙집의 일곱 살 딸 아사코는 유난히도 그를 잘 따랐다. 헤어질 때 아사코는 그의 목을 안고 입을 맞추며 아쉬워했다. 10년이 지난 후 두 번째 만남은 약간 서먹했지만 그녀는 목련꽃같이 청순하고 세련된 모습이었다. 하지만 그 후로 10여 년이 흐른 후의 만남은 많은 아쉬움을 남겼다. 시든 백합같이 초라한 아사코의 모습과 악수도 없이 절만 몇 번씩 하고 헤어진 마지막 만남은 아니 만나는 것보다 못하였다.

나에게도 첫사랑이 있었다. 초등학교 시절에 여자동기들에게 느낀 감정은 첫사랑이라고 하기에는 어설펐다. 철이 들어 이성에 대해 감정을 느낀 것은 입대하기 한 달 전 어느 겨울날 친척형이 소개를 시켜준 여성이었다. 직장에 다니는 여성으로 동양적인 외모에 차분한 인상이었다. 입대를 앞두고 자주 만났다. 두 번째 만날 때가 하필이면 나의 생일이었다. 망설이다가 생일이라고 말했다. 그녀는 축하의 말을 한 후 잠시 밖으로 나가더니 선물을 사왔다.

난생 처음 이성의 마음을 받아 구름 위를 걷는 것 같았다. 보답을 해야 할 것 같아 라디오를 들으면서 좋은 노래를 녹음하여 그녀에게 선물했다. 노래제목도 모르고 주었는데 다음 만날 때 그녀는 곡목을 적어 나에게 주었다. 그 순간 나는 '사람의 마음을 움직이는 것이 이런 것이구나' 했다. 한 달이 금세 지나고 입대를 했다.

훈련을 마치고 연락하자 바로 면회를 왔다. 이야기 중에 그녀는 나의 본(本)을 물었다. 내가 '의성김'이라고 하자 그녀의 얼굴이 잿빛으로 변했다. 그녀와 본이 같다는 것을 직감했다. 김씨는 워낙 많아서 그 전에는 본을 물어보지도 않았다. 그 당시에는 동성동본끼리 결혼할 수가 없었다. 사귄다고 다 결혼하는 것도 아니지만 우리의 만남이 맺지 못할 것임을 알고는 매우 혼란스러웠다. 그녀는 나보다 더 큰 충격을 받은 것 같았다.

한동안 연락하지 않다가 첫 휴가 나와서 한 번 만났다. 우리는 동성동본에 대해 이야기는 하지 않았지만 느낌은 전과 달랐다. 높은 산이 막고 있는 것 같았다. 넘지도 못할 산을 넘느라 두 사람이 큰 상처를 받기 전에 돌아가는 것이 좋을 것 같았다. 그것이 우리의 마지막 만남이었다. 그때도 겨울이었다.

첫사랑을 만나는 것은 가슴 속의 비밀창고를 열어보는 것이다. 비밀창고는 열어보기 전까지는 기대로 가득 차있지만 그것을 열어보는 순간 연기처럼 사라질지도 모른다. 그토록 소중하게 감춰둔 비밀이 빛바랜 흑백사진과 같다는 것을 알았을 때의 허망함은 무엇으로 채워야 할까.

첫사랑에 대한 우스개가 이런 상황을 절묘하게 비유하고 있다. "첫사랑이 못 살면 가슴이 아프고, 잘 살면 배가 아프다. 그리고 같이 살자고 하면 머리가 아프다."

비밀은 묻어두고 있을 때 가치가 있듯이 첫사랑은 가슴이 시리더라도 가슴 속에 묻어두고 있을 때 더 아름답다. 첫눈이 올 때

처럼 아름답던 첫사랑의 추억도 그것이 현실이 되면 눈이 녹았
을 때처럼 질퍽질퍽하게 된다.

추억이란 느낌이 아니라 당시의 기억에 대한 현재의 반응이다.
타향살이의 서러움을 가슴 속 고향이 달래주듯이 세상살이가
힘들고 외롭게 느껴질 때 가슴 속에 묻어둔 첫사랑의 추억이
달래준다면 얼마나 좋은 것인가.

《어린왕자》에서 "사막이 아름다운 것은 그것이 어딘가에 오아
시스를 숨기고 있기 때문이다"라고 한 여우의 말처럼, 현실의
오아시스가 될 수 있는 첫사랑의 추억을 가끔 회상할 수 있는
사람은 행복한 사람이다.

취미

독일의 철학자 칸트는 취미를 '목적 없는 합목적성'이라고 했다. 처음부터 특정한 목적을 가지고 한 게 아니라 재미로 시작했지만 하고 나서 보니 소기의 목적을 달성할 수도 있다는 말이다. 취미로 독서를 하다가 작가가 될 수도 있고, 운동이 좋아서 하다가 운동선수가 될 수도 있는 것이다. 나는 어렸을 때부터 책과 운동을 가까이 했지만 다른 취미는 별로 없었다. 바둑과 당구는 전혀 못하고 다룰 수 있는 악기도 없었다. 아코디언을 해보려고 사놓았지만 아직 배우지 못하고 있다.

나는 무엇이든 시작하면 오래 한다. 운동신경은 별로 없지만 지금까지 취미로 운동을 꾸준하게 해왔다. 즐기기 위한 운동보다 살아가면서 필요한 운동을 좋아한다. 그래서 무도와 수영 같이 실제 생존에 필요한 것을 해왔다.

철들면서 처음 시작한 운동은 태권도였다. 초등학교 4학년 때부터 6년간 하다가 고1 때 성적이 떨어져서 그만두었는데 그후 성적이 더 떨어졌다. 성적만 떨어진 게 아니라 건강도 나빠졌다. 신경성 위장병으로 2년간 고생을 했다.

20대에는 젊음만 믿고 별다른 운동을 하지 않다가 서른 살 때부터 수영을 했다. 같은 부서에 있는 '부산물개'라는 별명을 가진 사람과 함께하며 많이 배웠다. 5년간 하다가 수영장이 복잡해지면서 다른 것을 해볼까 생각하고 있을 때 집 근처에 검도장이 생겼다.

검도는 학창시절부터 하고 싶은 운동이었지만 검도장이 없어 하지 못했다. 주로 출근 전에 했는데 너무 심하게 하여 체중이 8kg 빠진 적이 있었다. 사범이 자신의 도장을 운영해보고 싶다고 하여 내가 돈을 대어 1994년도에 검도장을 냈다. 내가 검도를 하다 보니 우리 집은 자연히 검도가족이 되었다. 아이들은 조금 하다가 그만두었지만 아내는 초단을 땄다. 16년간 하던 검도는 40대 후반에 도장의 문을 닫으면서 그만두었다.

지금은 빙상을 하고 있다. 집에서 차로 5분 거리에 빙상장이 있다. 나는 10년간 그곳을 매일 지나가면서도 관심이 없었는데 어느 날 아내가 빙상을 시작했다. 반년 동안 나에게 빙상을 권했지만 무엇을 새로 시작한다는 것이 두려워서 핑계를 대며 버텼다. 무심코 아내의 다리를 만져보았다. 근육이 생겨 다리가 탄탄한 것을 보고 곧바로 시작했다.

스케이트는 생각보다 두렵지 않았다. 우리는 무엇을 해보지도 않고 망설이는 경우가 얼마나 많은가. 치과에 가는 것, 새로운 것을 배우는 것, 모르는 사람을 만나는 것, 다른 사람들 앞에서 말하는 것 등등… 막상 해보면 별 것도 아닌데 해보지도 않고 생각만 하다가 끝나버리는 경우가 많다. 나이키의 문구처럼 생활 속에서 'Just do it'의 정신을 가지고 해보는 게 중요한 것 같다. 그렇게 시작한 빙상이 벌써 6년 되었다.

지금까지 스케이트를 타면서 재미있기만 한 것은 아니었다. 슬럼프와 고비도 있었다. 스케이트화가 맞지 않아 복숭아뼈가 밤알만큼 튀어나와 고통스럽기도 했고, 허리가 좋지 않아 몇 번이나 포기하려고 마음먹기도 했지만 그때마다 아내와 회원들의 격려로 극복하였다. 지금은 잘 타는 것은 아니지만 재미를 느낄 정도는 된다. 빙상을 언제까지 하겠다고 자신 있게 말할 수는 없지만 최대한 오래 할 생각이다.

나는 구기종목을 별로 좋아하지 않는다. 군대에서 배구를 잘

했더라면 응원한다고 그렇게 애쓰지 않아도 되었을 것이다. 부부가 같은 운동을 하면 좋다. 대화할 기회가 많아지고 운동 후에 맥주 한잔 하는 맛도 있다. 운동도 자기와 맞는 것이 있다. 좋아해야 오래 할 수 있다. 골프는 보편적인 운동이 되었지만 나와 맞지 않는 것 같아 한 달 배우다가 그만두었다. 운동은 취미를 넘어 필수지만 오래 하려면 즐거워야 한다. 지금 하고 있는 운동이 있다면 가능하면 오래 하고, 없다면 자신에게 맞는 것을 하나 골라 해보길 바란다. 새로운 것을 해보는 것을 두려워하지 말고 일단 해보라.

장미를 닮은 인생

계절의 여왕 5월은 장미의 계절이자 사랑의 계절이다. 장미를 보고 있으면 마음이 붉어지고 사랑하는 사람에게 주고 싶어진다. 가시가 있는 줄 알면서도 만져보고 싶고 코를 가까이 대고 싶다.

장미의 무엇이 이런 마음을 들게 하는 것일까?

장미는 열정이며 사랑이다.

사랑하는 사람에게 백만 송이까지는 아니더라도 백 송이의 장미꽃을 주고 싶고 받고 싶은 마음은 누구에게나 있을 것이다. 나의 불타는 사랑을 꽃에 담아 주면 상대가 나의 사랑을 받아줄 거라는 마음, 장미의 진한 향기를 맡으면서 나를 생각할 거라는 마음으로 연인에게 장미를 선물한다. 장미꽃은 예쁘기도 하지만 향기도 진하다.

백장미나 흑장미 모두 자신의 색깔과 향기를 마음껏 뿜어낸다. 한 번 꽃이 피면 오래 간다. 필 때는 무더기로 피어난다. 장미를 가꾸고, 장미 향기에 취해 사색하고, 장미를 찬양하는 시를 쓰다 종국에는 장미가시에 찔려 죽은 릴케는 루 살로메와 장미의 열정과도 같은 사랑을 했다.

장미는 모순이다.
장미에게는 예쁜 꽃만 있는 게 아니라 가시도 있다. '저렇게 예쁜 꽃에 가시가 있다니'라고 생각할 수도 있고, '가시나무에 저렇게 예쁜 꽃이 피다니'라고 생각할 수도 있다. 장미꽃과 가시를 따로 생각할 수가 없다.
우리의 삶도 마찬가지다. 삶이 있으면 죽음이 있고, 사랑이 있으면 아픔이 있다. 행복만 있는 삶은 없다. 장미에게 가시가 있다고 해서 꽃의 아름다움이 줄어드는 것이 아니다. 오히려 가시로 인해 꽃이 더욱 아름답게 느껴진다. 장미꽃을 안을 때 가시도 같이 품어야 하듯이 삶도 세상의 모순을 받아들일 때 더욱 아름답다.

장미는 생명이다.

장미는 아름다움뿐만 아니라 환경에 잘 적응하는 생존능력과
더불어 봄부터 가을까지 끊임없이 새로운 꽃을 피워내는 저력
이 있다. 생명에게 가장 중요한 선(善)은 왕성한 생명력이다.
장미는 햇빛과 물만 있으면 어디서나 잘 자란다. 한 번 심으면
잘 죽지 않는다. 살아만 있으면 꽃은 언젠가는 필 수 있으니 죽
지 않고 사는 것이 가장 아름다운 선이다. 적당히 가지를 쳐주
면 더욱 탐스러운 꽃이 핀다. 장미가시는 벌레뿐만 아니라 사
람이 함부로 대하지 못하게 한다. 사람도 마찬가지다. 착하기
만 한 사람보다 때로는 삐칠 줄도 아는 사람이 더 매력 있게 느
껴진다.

친하게 지내는 초등학교 여자동기가 있다. 목련이 연상되는 그
녀를 모두가 좋아한다. 그녀에게 목련을 닮았다고 하자 반응이
별로였다. 장미를 닮았다는 말을 듣고 싶어 했다. 그러나 아무
리 봐도 장미 같지는 않았다.
나도 과거에는 그런 스타일이었다. 일단 외모부터 장미가 아니
다. 화려하지도, 향기가 진하지도 않았다. 가시도 없었다.
그러나 지금은 그렇지 않다. 외모야 어쩔 수 없지만 나만의 진
한 향기를 가지고 있다. 함부로 꺾지 못할 정도의 가시도 있지

만 위협적이지 않고 그것을 쉽게 드러내지 않는다.

'화무십일홍'이라는 말처럼 예쁜 꽃은 오래가지 못 하지만, 아름다우면서 향기가 있고 다양한 색깔을 가진, 그러면서 끊임없이 꽃을 피우는 열정과 생명력을 가진 장미를 닮고 싶다. 가시를 가지고 있지만 그것 때문에 꽃의 매력이 줄어들지 않는 장미가 되고 싶다.

날마다 좋은 날

"날마다 좋은 날"이라는 뜻의 일일시호일(日日是好日)이라는 말이 있다. 해는 매일 뜨지만 비가 오거나 구름에 가려서 해를 볼 수 없는 날이 있듯이 날마다 좋은 날인데 우리의 마음에 구름이 끼어 좋은 날이라는 것을 느낄 수 없다.

지인 중에 이런 사람이 있다. 그는 매사에 만족할 줄 모른다. 그에게 좋은 날은 1년에 며칠 되지 않는다. 봄은 나른해서 싫고 여름은 더워서 싫고 가을은 쓸쓸해서 싫고 겨울은 추워서 싫다. 비가 오면 우산을 쓰는 게 귀찮아서 싫다고 했다. 바람이 불거나 안개가 끼는 날도 싫어했다. 심지어 눈이 오는 날도 길이 막힌다고 불만이었다. 그는 짜장면을 시키든 짬뽕을 시키든 항상 후회했다. 선택하지 않은 것이 더 좋아보였기 때문이다. 한번은 짜장면 보통을 시켜 정말 오랜만에 맛있게 먹더니 곱빼기 안 시킨 것을 후회했다.

나도 젊은 시절에는 봄을 싫어했다. 나른해서 싫었고 꽃이 피는
것도 즐겁지 않았다. 비가 오면 마음은 왜 그리 우울해지는지.
지금은 봄이 너무 좋다. 비 오는 날도 좋고 바람이 부는 날도
좋다. 꽃샘추위는 봄에 당연한 거라 생각한다. 비가 오면 집에
서 빗소리를 들으면서 막걸리 마시는 시간을 너무 좋아한다.
땀이 많은 체질이라 여름을 유난히 싫어했다. 지금은 여름도
좋아한다. 운동으로 땀을 흘린 후 맥주 한잔 하는 것도 좋고,
밤하늘의 별을 볼 수 있는 기회가 많아서 좋다.

어느 젊은 스님이 어머니를 찾아갔다. 어머니는 한여름 땡볕에
서 밭일을 하고 있었다. 스님이 인사했다.
"어머니! 더운 여름을 어떻게 보냈습니까?"
어머니가 태연하게 말했다.
"여름에는 덥고, 겨울에는 춥지, 뭐 별수 있냐."
"…."
스님은 그 말을 듣고 한동안 아무 말이 없었다. 산에서도 깨닫
지 못했던 삶의 지혜를 깨달은 표정이었다.

"피할 수 없으면 즐겨라"는 말처럼 여름을 피할 수 없다면 즐기는 것이 현명하다. 여름을 호주나 뉴질랜드 같은 나라에서 보내고 올 수도 있고, 산이나 바다로 가서 보낼 수도 있다. 집에서 에어컨을 틀어놓고 시원한 수박을 먹으면서 독서삼매경에 빠져보는 것도 좋고, 밤하늘의 별을 보며 인생을 이야기해도 좋을 것이다. 운동을 해서 땀을 흘리거나, 독서삼매경에 빠져, 시간 가는 줄 더운 줄 모르게 몰입을 해보면 어떨까.

"덥다, 덥다" 하면 더 덥다. 더울 때는 어느 한 곳에 집중하여 더위를 잊는 게 좋다. 더위를 즐기며 땀을 흘리다 보면 어느새 가을 문턱에 서 있는 나를 발견하게 될 것이다.

중3 어느 더운 날, 독서삼매경을 경험했다. 시간이 가는 줄도 모르고 이광수의 《유정》을 다 읽었다. 밖으로 나오니 해는 서산에 지고 어둠이 살짝 내려 앉았다. 여전히 더웠지만 내 마음은 솜털처럼 가벼웠고 여자 주인공 정임이가 연인을 찾아간 바이칼 호수의 칼바람이 어깨 위로 불어오는 것 같았다.

포스코에서 근무할 때 쇳물이 나오는 곳에서 일한 적이 있다. 그곳에서는 한여름에도 방열복을 입고 일을 한다. 1500도가 넘는 쇳물과 싸울 때는 더운 줄도 모른다. 이열치열이라는 말이

딱 어울린다. 일을 마치고 방열복을 벗으면 날아갈 것 같다.

비슷한 경험이 또 있다.

양산 통도사에서 템플스테이를 할 때였다. 굉장히 더운 날 저녁부터 법당에서 1080배를 하기 시작했다. 중간에 두 번 정도 쉬었지만 정말 힘들었다. 약 3시간 정도 걸렸다.

스님은 어깨에 약간 땀이 배일 정도였지만 나는 옷 색깔이 다 바뀔 정도로 땀을 많이 흘렸다. 1080배를 마친 후 자정 무렵에 샤워를 하고 옷을 갈아입으니 정말 날아갈 것 같았다. 잠을 한숨도 못 잤지만 몸과 마음이 깃털처럼 가벼웠다.

검도를 할 때는 호구를 착용한다. 가만히 있어도 더운데 무거운 그걸 착용하고 운동을 하니 얼마나 덥겠는가. 씻고 밖으로 나오면 날아갈 것 같다. 발이 공중에 뜬 느낌이다.

여름이 아무리 더워도 때가 되면 가을이 온다.

"여름이 무더울수록 가을이 위대하다"라는 말이 있다. 우리 모두가 위대한 가을을 맞이할 수 있는 것은 아니다. 여름을 위대하게 보낸 사람만이 위대한 가을을 맞이할 수 있을 것이다. 무더위가 물러가고 저녁에 시원한 바람이 불어올 때면 땅콩을 삶아 맥주 한잔 하는 것이 초가을에 누리는 나의 작은 기쁨이다. 여름을 이겨내고 땅속에서 튼실하게 자란 땅콩을 먹으면 대지의 기운을 느낄 수 있어 좋다. 위대한 가을은 무더위를 이기며 보낸 시간과 정신이 만드는 것이다.

《벽암록》에도 비슷한 선문답이 있다.

한 수행자가 동산 선사에게 이렇게 물었다.

"몹시 춥거나 더울 때는 어떻게 해야 합니까?"

선사는 이렇게 말했다.

"추위와 더위가 없는 곳으로 가면 되지 않겠느냐?"

그러자 수행자가 다시 물었다.

"어느 곳이 추위와 더위가 없는 곳입니까?"

선사가 말했다.

"추울 때는 그대 자신이 추위가 되고, 더울 때는 그대 자신이 더위가 돼라."

더운 곳에 있을 때는 바람이 조금만 불어도 시원하게 느껴지고 따뜻한 곳에 있을 때는 조금만 추워도 춥게 느껴진다. 더운 곳에 있으면 더 이상 덥게 느껴지지 않고, 추운 곳에서는 더 이상 춥게 느껴지지 않는다. 선사는 수행자에게 그런 것을 말한 것이다. 더위를 피하려면 자신이 직접 더위가 돼라. 추위를 피하려면 옷만 껴입을 것이 아니라 자신이 추위가 돼라. 선사의 말씀은 더위와 추위는 다 마음에 달렸다는 뜻이다.

더운 곳에서는 더 이상 덥지 않으면 시원하다. 추운 곳에서는 더 이상 춥지 않으면 따뜻하다. 행복 속에 있을 때 더 이상의 행복이 없으면 불행해지고 불행 속에 있을 때 더 이상의 불행이 없으면 행복하다.

나폴레옹은 "내 기억으로 내가 행복했던 날은 엿새 정도 밖에 없었다"고 말했고, 헬렌 켈러는 "내 인생에서 행복하지 않은 날은 하루도 없었다. 나는 정말 아름다운 인생을 살았다"고 했다. 두 사람의 행복에 대한 기준은 극명하게 달랐다. 행복의 기준을 어디에 두느냐에 따라 날마다 좋은 날이 될 수도 있고 날마다 우울한 날이 될 수도 있다.

"창랑의 물이 맑으면 갓끈을 씻고, 창랑의 물이 흐리면 발을 씻는다"는 마음으로 살아간다면 날마다 즐거운 날이 될 것이다. 우리가 물을 바꿀 수 없으니 물 따라 우리의 태도를 바꾸는 것이 지혜다.

암자를 태운 이유

나보다 한 살 많은 외사촌 형이 입대를 했다. 배웅하러 50사단에 가보니 외갓집 동네에 살던 같은 또래의 처녀들도 와있었다. 외갓집에 갔을 때 몇 번 닭도 잡아먹고 고구마도 삶아먹으며 어울려 놀았던 사람들이다. 헤어질 무렵 그 중 한 명이 내 옆으로 와서 말했다. 옥이라는 처녀였다.

"우리 집에 놀러 갈래?"

"…."

두려웠다. 짧은 순간이었지만 온갖 상상이 다 되었다.

내가 멈칫하자 옥이가 말했다.

"신경 쓰지 마. 나 혼자 있어."

혼자 있다는 말이 더 무서웠다.

나는 빨리 집으로 가고 싶었다.

"오늘 바쁜 일이 있어 안 되겠는데…."

그녀의 실망하는 표정을 지금도 잊을 수 없다. 집에 와서 생각해보니 그때 왜 그렇게 했는지 모르겠다. 힘으로 해도 내가 더 센데 왜 두려워했을까?

불교에 '평상심이 도'라는 말이 있다. 큰 그릇은 쉽게 넘치지도 않고, 쉽게 줄어들지도 않으며, 쉽게 뜨거워지거나 식지도 않는다. 쉽게 화를 내지도, 두려워하지도 않는 사람을 그릇이 큰 사람이라고 하며, 어떤 상황에서도 평상심을 유지하는 사람을 도의 경지에 이르렀다고 보는 것이다.

파자소암(婆子燒庵)이란 말이 있다. 노파가 암자를 불태워버린다는 뜻이다.

옛날 어떤 마을에 돈 많은 노보살이 한 수도승을 지극히 공양하였다. 그녀는 집 근처에 암자를 지어 20년을 하루같이 정성을 다해 수도승을 섬겼다. 수도승은 깨달음을 얻어 매우 안정되고 평화로워 보였다. 살날이 얼마 남지 않은 그녀는 자신이 뒷바라지 해온 수도승이 과연 득도를 했는지 확인하고 싶었다. 그래서 과년한 딸을 암자에 보내기로 마음먹고 딸에게 말했다. "내가 시키는 대로 해라. 오늘 밤에 수도승이 도를 닦고 있는 암자로 가거라. 문은 잠겨 있지 않을 것이다. 문을 열고 들어가 그에게 다가가서 껴안아 보아라. 그런 후 그의 반응을 내게 있는 그대로 말해다오."

보살의 부탁을 받은 딸은 어두워지자 암자로 찾아가 조용히 문을 열었다. 벽을 바라보고 명상을 하고 있던 그는 문소리에 뒤를 돌아보았다. 과년한 여인이 문 밖에 서 있자 수도승은 놀라 몸을 부들부들 떨며 큰 소리로 말했다.

"여기가 어디라고 이 밤중에 왔느냐?"

그녀는 미소를 머금으며 다가가 수도승을 껴안았다. 그는 어찌할 바를 모르며 화를 내고는 그녀를 매정하게 내쫓았다.

딸이 돌아와 그날 일을 모두 고하자 보살은 나직한 목소리로 말했다.

"내가 사람을 잘못 봤구나. 20년 동안 겨우 속물을 공양했더란 말이냐."

보살은 날이 밝자 수도승을 암자에서 쫓아내고 암자를 불태워 버렸다.

그 수도승이 무엇을 잘못했기에 보살이 화를 내며 수도승을 쫓아내고 암자를 불태워버렸을까?

만약 그가 도를 깨쳤다면 여자를 안을 수도 없고 그렇다고 쫓아낼 수도 없는 애매한 상황을 지혜롭게 대처했을 것이다.

보살은 여자를 보고 평상심을 잃고 흥분하는 수도승을 원하지 않았다. 딸의 유혹에 쉽게 넘어가는, 욕망에 굴복하는 모습은 더더욱 아니었다. 보살은 수도승이 감정과 욕망을 가지고 있으면서도 평상심으로 딸을 따뜻하게 대하고 자비를 베푸는 의연한 모습을 기대했을 것이다.

이 이야기를 알고 나서 옥이 처녀에게 한 나의 행동을 곰곰이 생각해보았다. 내 마음이 떳떳하다면 아무도 없는 데 놀러가는 것이 뭐가 문제가 되었을까?

나는 겉으로는 착한 척했지만 속으로는 엉큼한 생각을 했던 것일까? 흔들릴 수밖에 없는 상황이 오면 평상심을 갖지 못할지도 모르는 내가 두려워 피하려 했던 것은 아닐까 생각했다.

일어나지도 않은 일을 상상하여 마음이 흔들렸다면 그것도 평상심을 잃은 것이다. 만약 그런 상황이 다시 온다면 옥이 집으로 갈 것이다.

욕망을 이긴다는 것은 욕망을 없앤다는 것과는 차원이 다르다. 인간의 본성인 욕망을 없앨 수는 없다. 다만 자신을 이기기 위해 조절할 뿐이다. 설사 수행을 통해 그 욕망을 없앨 수 있다 하더라도 본성을 잃은 자가 어찌 중생들의 고통을 알 것이며 구제할 수 있을 것인가?

그날 이후 옥이를 한번도 보지 못했다.

어떤 기자가 달라이 라마에게 질문을 했다.

"예쁜 여자를 보면 마음이 흔들리십니까?"

달라이 라마는 웃으면서 대답했다.

"나도 예쁜 여자를 보면 마음이 흔들립니다. 그러나 바로 평상
심을 찾습니다."

이 얼마나 인간적이며 지혜로운 답변인가.

보살은 수도승에게 이런 지혜로운 처신을 원하지 않았을까 싶다.

"행복한 가정은
미리 누리는 천국이다."
- 로버트 브라우닝

PART 3

관계

*
**
*
**
*
**

물고기가 물을 떠나서 살 수 없는 것처럼

우리의 삶은 관계를 떠나서는 잠시도 이어질 수 없다.

내가 맺고 있는 관계가 나의 정체성이며

나의 깊이가 관계의 성숙도를 결정한다.

관계가 어려운 것은 우리가 자기중심적이기 때문이며

관계에서 중요한 것은 상생이다.

내가 중요할수록 나를 내세우지 않고

타인을 배려하는 것이 나를 위하는 길이다.

어떤 눈으로 볼 것인가

니체가 읽고 단번에 빠져버린 쇼펜하우어의 책 《의지와 표상으로서의 세계》는 "세계는 나의 표상이다."로 시작된다. 우리가 살고 있는 이 세계는 표상으로만 존재할 뿐 실제 그 자체가 아니라는 것이다. 다시 말해 내가 보는 것은 실체가 아니라 내 마음의 투영인 것이다.

사람도 마찬가지다. 좋은 사람도 나쁜 사람도 없다. 같은 사람이라도 우리가 그 사람을 어떻게 보느냐에 따라 다르게 보인다. 좋아하던 사람도 나쁘게 보면 정말 나쁜 사람처럼 보이고, 나쁜 사람이라고 생각하던 사람도 좋게 생각하면 정말 좋아지게 된다. 우리의 뇌는 거짓 경험과 실제 경험을 구분하지 못한다고 한다.

초등학교 6학년 때 좋아하던 여학생이 있었다. 얼굴도 예쁘고 공부도 잘했다. 전교 어린이 부회장이었으니 나뿐만 아니라 다른 남학생들도 다 좋아했다.

나는 전교 어린이 회장이어서 가까이 지낼 기회가 많았다. 각종 행사에 학교 대표로 같이 가는 일이 많으니 나를 시기하는 사람도 많았다.

'이러다가 남자 친구들과 사이가 멀어지는 것이 아닌가' 하는 생각이 들어 전략적으로 당분간 멀리해야겠다고 생각했다. 속마음은 그게 아니었는데 친구를 잃지 않기 위해 억지로 연극을 했다. 일부러 무뚝뚝하게 대하기도 하고 같이 있는 시간도 줄였다. 그러자 남자 친구들은 좋아했다.

보름 정도 지나고 나니 그 여학생을 대하는 나의 마음이 전과 같지 않았다. 나의 생각은 미워하는 척만 하여 남자 아이들의 환심을 사는 것이었는데 그게 아니었다. 얼마 전까지 그렇게 예쁘고 무엇을 해도 좋게 보이던 얼굴이 정말 밉게 보였다. 처음에는 빵 먹는 것이 밉게 보이더니 나중에는 행동 하나하나가 다 밉게 보였다. 나의 의도와 점점 다르게 변해가는 나의 생각과 모습에 당황스러웠다.

시간이 흘러 졸업할 때가 되었다. 졸업하기 전에 나의 진심을 그 여학생에게 털어놓으려고 했으나 기회를 잡지 못한 채 헤어졌다.

중년의 나이가 되어 그녀를 동문체육대회에서 처음으로 만났다. 30분 정도 조용한 곳에서 단둘이 이야기할 시간을 가졌다. 미안한 마음을 전하고 나니 마음이 좀 가벼워졌지만 그 여학생은 그때의 일을 자세히 기억하지 못하는 것 같았다. 별것도 아닌 것을 그동안 너무 가슴에 두고 살아온 게 아닌가 생각하니 좀 허전하기도 했다.

또 다른 일이 있었다.

제대 후 사귄 사람이 있었다. 양가 어른들을 뵙고 결혼을 전제로 만났다. 그런데 종교가 걸림돌이 되었다. 그녀가 교회에 나가는 것은 알았지만 그렇게 독실한 신자인 줄은 몰랐다. 나는 종교는 없었지만 제사를 지내는 집안의 장남이다. 종교 문제로 인하여 집안이 시끄러운 경우를 가끔 보았다. 이런 것을 확증 편향이라고 하였던가. 나는 종교 문제에 대해 깊이 고민을 하면서 한번도 읽지 않았던 성경을 일주일 만에 끝까지 다 읽고 그녀를 만나 성경에 관해 이야기를 나누었다. 나는 겨우 한 번 읽어보았을 뿐인데 그녀는 거의 외우는 수준이었다. 일방적으로 설교를 듣는 기분이었다. 집에 돌아와서도 '종교가 다른 두 사람이 과연 행복한 결혼생활을 할 수 있을까?'에 대해 고민을 했다.

일주일에 한 번 정도 만나던 사이가 보름 이상 만나지도 않고 전화도 하지 않았다. 그녀에게서 먼저 연락이 왔다. 그녀는 눈에 띌 정도로 수척해져 있었다.

그녀는 나름대로 몇 가지 기준을 정한 것 같았다.

'결혼을 해서 부모님과 같이 사는 동안에는 교회에 안 나간다. 제사상도 차린다. 나중에 따로 살면 교회에 간다. 아이는 교회에 데리고 가지만 남편에게는 종교를 강요하지 않는다.'

이 정도면 별 문제가 없겠다고 생각을 하고 더 이상 종교에 대해 생각하지 않기로 했다.

하지만 내가 너무 소심했던지 사랑이 약했던지 갈등은 계속 되었다.

부정적인 생각이 머리를 떠나지 않았다. 행복해야 할 결혼생활이 종교로 인해 많은 문제가 일어날 것 같은 생각이 자꾸 들었다. 생각이 그러하니 그녀에 대한 생각이 좋을 리 없었다.

일주일 후에 그녀를 만났다. 내 눈에 비친 그녀는 전과는 달랐다. 그녀의 얼굴도 행동도 그 전과 같지 않았다. 한번 그렇게 마음을 먹고 나니 그 다음에는 아무리 좋은 생각을 하려고 해

도 되지 않았다. 회복한계선을 넘어버린 것 같았다. 결국 헤어질 수밖에 없었다.

우리는 있는 그대로를 보는 것이 아니라 자신이 생각한 모습만 본다. 상대를 어떤 모습으로 만드는지는 나의 마음에 달려 있다. 평범한 사람을 천사로 만들 수도, 악마로 만들 수도 있다. 그것은 내 마음이 만든 것이고 내가 만든 결과에 대해서는 내가 책임을 져야 한다.

좋아하던 사람이 싫어지는 경우도, 별로라고 생각하던 사람이 좋아지는 경우도 있다. 상대가 변한 것이 아니라 상대를 보는 나의 눈과 마음이 달라졌기 때문이다.

생각 속에 모든 것이 있다. 어떻게 보느냐에 따라 상대의 존재가 달라진다. 세상은 나의 생각의 표상이며 있는 그대로를 보는데 가장 큰 장애는 상대가 아니라 나 자신이라는 점을 알아야 한다.

부부가 되는 시간

사랑으로 가득한 가정은 인생에서 누릴 수 있는 최고의 축복이자 행운이다. 그 중심에는 부부가 있다.

수많은 사람들 중에 부부의 인연을 맺는 것도 어렵지만 서로 사랑하면서 백년해로를 하는 것은 더 어렵다. 인간관계 중에서 가장 중요하면서도 어려운 관계가 바로 부부 사이다.

아무리 금슬이 좋은 부부라도 항상 좋을 수는 없다. 날씨가 그렇듯이 부부 사이도 비 오는 날이 있고, 눈보라가 치고 삭풍이 부는 날도 있기 마련이다.

바다는 폭풍이 오기 전까지는 잔잔하다.

그러나 바다는 잠시도 마음을 놓을 수 없는 변덕쟁이다. 잔잔할 때는 모든 것을 다 품을 듯하지만 사나울 때는 모든 것을 다 삼켜버릴 것 같다.

심수봉의 노래 중 '남자는 배 여자는 항구'라는 노래가 있지만 부부는 서로에게 바다다. 성난 바다는 배를 뒤집을 수도 있다. 항해에서 풍랑을 피할 수 없듯이 부부생활에서는 갈등을 피할 수 없다. 태풍은 엄청난 피해를 주기도 하지만 더러운 것들을 정화해주기도 하는 것처럼, 부부싸움도 두 사람 사이에 쌓였던 나쁜 감정을 씻어주어 꽉 막혔던 관계를 뚫어주기도 한다.

신혼 때 혼자서 설악산에 단풍구경을 갔다. 신입사원이라 원하는 날짜에 휴가를 갈 수가 없었다. 아내는 출근을 해야 해서 혼자 갔다. 처음에는 하루만 자고 오려고 했는데 아내가 10만 원짜리 수표를 한 장 주면서 '모처럼 멀리 가는 여행인데 이틀은 자고 와야 되지 않겠느냐'고 하여 2박 3일 일정으로 차를 몰고 갔다. 혼자 가는 여행은 처음이었다. 한계령에서 단풍을 보기 위해 차를 세웠다. 평일이었지만 단풍이 절정일 때라 가는 곳마다 사람들이 많았다.
나에게 말을 걸어오는 아줌마들도 있었다. 드라마나 소설에서는 남자가 혼자 가면 혼자 온 여자도 있기 마련인데 현실에서는 그런 일은 잘 일어나지 않는다. 잠은 같은 민박집에서 이틀을 잤다.
즐거운 여행을 마치고 아내에게 감사한 마음으로 돌아왔다.

여행에서 받은 좋은 기운으로 아내에게 더 잘하기로 마음을 먹었다.

호사다마(好事多魔)라고 했던가! 문제는 그날 밤에 일어나고 말았다. 아내와 맥주 한잔 하면서 여행에서 있었던 일을 이야기했다. 아내도 진정으로 좋아했다. 그러나 그날의 행복은 거기까지였다.

아내는 다음에 자신도 혼자 여행을 가고 싶다고 했다. 얼마나 나의 여행이 아름답게 보였으면 그런 말을 했을까. 아내의 말을 듣고 그냥 넘어갔으면 정말 아름다운 밤이 되었을 것이다.

"여자가 혼자 다니는 것은 위험하다."

이렇게 말한 것이 그날의 악몽의 시작이었다.

아내가 굳은 표정으로 말했다.

"나를 못 믿느냐?"

나도 강경하게 말했다.

"당신을 못 믿는 것이 아니라 세상을 못 믿는 것이다."

감정은 한 번 올라가면 쉽게 내려오지 않는 법이다. 상대의 감정이 올라가면 나라도 평정을 찾을 수 있으면 다행이지만 둘 다 사랑에 있어서는 초보운전자였다. 평화로운 해변에 쓰나미가 덮치는 것처럼 순식간에 지옥으로 변했다.

날이 새면 이혼장을 들고 법원에 가기로 했다. 다음 날 아침에 눈을 뜨니 악몽을 꾼 것 같았다. 아내는 보따리를 싸놓고 앉아 있었다. 마침 휴일이었다. 술이 확 깨면서 일단 사태를 수습해야겠다고 생각했다. 나의 사과에 아내는 마지못해 보따리를 풀었지만 우리는 며칠간 말도 하지 않았다. 나는 무지갯빛 하늘이 한순간에 잿빛 하늘이 되는 것을 보아야 했고, 천사와 악마는 종이 한 장 차이라는 것을 알았다.

부부가 싸우는 것은 사랑이 없어서가 아니라 그것을 서로 다른 방법으로 말하기 때문이다. 운전도 배워서 면허를 따야 할 수 있는데 사랑을 배우지도 않고 면허도 없이 부부생활을 하는 것은 위험한 일이다. 부부싸움은 갈등에서 오는 것인데 갈등이 있다는 것은 두 사람 사이에 걸림돌이 있다는 뜻이다. 부부생활에서 꼭 알아야 할 기술은 무엇일까?

첫째, 소통의 기술이다.
소통은 말이 통하는 것이다. 물은 흘러야 되고 말은 통해야 된다. 말이 통하면 마음이 통한다. 말이 통하지 않는데 마음이 통하는 경우는 없다.

불행한 가정의 공통된 특징은 대화가 안 된다는 것이다. 행복한 부부는 대화를 오래 이어가는 사람이다. 운전을 할 때 차의 흐름에 따라 운전을 하는 것이 중요하듯이 대화를 할 때 상대의 감정과 분위기를 맞추어 말하는 것이 중요하다.

대화는 나를 위해서가 아니라 상대를 위해 할 때 진정한 소통이 된다. 그러므로 내가 하고 싶은 말을 하는 것이 아니라 상대가 듣고 싶어 하는 말을 하는 것이 중요하며, 상대가 이야기할 때는 귀로만 듣는 것이 아니라 마음으로 듣는 것이 중요하다. 경청은 귀의 문제가 아니라 마음의 문제다. 상대의 말을 잘 듣지 않을 때 소통에 실패한다. 경청은 소통에서 가장 중요한 휴먼 테크놀로지다.

둘째, 공감의 기술이다.

인간관계에서 가장 중요한 것 중의 하나가 상대방에 대한 공감이다. 공감은 상대의 마음속으로 들어가서 그 안에서 일어나는 일을 이해하는 것이다. 정말 어렵다. 공감이 어려운 이유는 자신의 기준으로 판단하고 평가하기 때문이다. 공감은 분석과 판단보다 상대의 감정을 먼저 생각하는 것이다. 인간관계에서 경험하는 대부분의 상처는 상대가 내 마음을 몰라주는 데서 온다.

공감은 상대와 같이 느끼는 것이지 상대와 같은 생각을 하는 것이 아니며, 상대의 말을 들어주는 것이지 해답을 주는 것은 아니다. 머리로는 알고 있지만 가슴으로 느끼고 행동하는 것은 어렵다.

18세기 영국의 철학자 흄은 "이성은 감정의 노예다"라고 말했다. 지금까지 인간을 지배하는 것은 감정이 아니라 이성이라고 생각했다. 그러나 이성은 감정과 싸워서 이길 수 없다. 이성은 감정의 하수인일 뿐이다. 이성적인 사람들이 대체로 공감력이 부족한 경우가 많은데 나도 그런 사람에 가깝다.

공감이 안 되는 사람은 상대의 말을 잘 듣지 않는다. 듣는다고 하더라도 텍스트만 들을 뿐 그 안에 있는 감정을 파악하지 못한다. 감정을 읽는 것이 바로 공감이다. 소통의 문제는 공감능력의 문제이다. 상대의 감정을 다치게 하면 아무리 논리적인 말을 하더라도 소용이 없다.

사람들은 자신의 미묘한 감정을 표현하는 데 서툴 뿐만 아니라 그럴 용기가 없기 때문에 감정을 텍스트 뒤에 숨긴다. 그러면서 때로는 상대가 자신의 마음을 알아주길 바란다. 상대의 숨어 있는 감정을 알기 위해서는 텍스트 뿐만 아니라 목소리와 표정을 읽을 수 있어야 한다.

세 번째는 화해의 기술이다.

한 여자와 한 남자가 살아가다 보면 작은 전쟁이 언제든지 일어나기 마련이다. 중요한 것은 싸우지 않는 것이 아니라 싸우더라도 어떻게 싸우며, 싸운 후에 어떻게 화해하느냐이다.

만약 어떤 사람과 갈등을 겪고 있다면 그 사람과 나의 그릇이 비슷하기 때문이다. 두 사람 중 한 사람의 그릇이 크다면 갈등이 일어나지 않을 것이다.

화해를 하기 위해서는 한 사람의 그릇이 지금보다 더 커져야 한다. 싸울 때의 의식수준으로는 화해를 할 수가 없다. 그릇이 커진다는 것은 내가 항상 옳은 것이 아니며, 나에게 최소한 절반의 책임이 있다는 것을 아는 것이다.

인간관계에서 문제를 해결하는 좋은 방법은 내가 겪고 있는 문제의 원인이 나 자신에게 있다는 것을 아는 것이다. 만약 남의 탓으로 돌린다면 문제는 풀리지 않는다. "나는 문제가 없는데 상대가 잘못이다"라는 생각에서 벗어나지 못하면 결코 싸움은 해결되지 않는다. 내가 먼저 깊어지면 상대도 깊어지게 되거나 상대가 싸움을 피하게 된다.

가장 소중한 사람

이 세상에서 가장 중요한 세 사람을 꼽으라면 그 사람은 누구일까?

가장 중요한 사람은 바로 나 자신이다.
석가가 태어나자마자 "천상천하유아독존" 이라고 말한 것처럼 우리는 존귀한 생명을 부여받고 태어났지만 그 사실을 잊어버리고 살아가고 있다.
먼저 그대 자신을 사랑하라. 그렇지 않으면 아무도 그대를 사랑하지 않을 것이다.
나 자신을 사랑하기란 어렵다. 우리는 다른 사람을 먼저 위하도록 교육 받았지 자신을 먼저 위하라고 배운 적이 없다. 성경에도 "네 이웃을 사랑하라" 는 말은 있어도 "너 자신을 사랑하라" 는 말은 없다.

나를 사랑하려면 먼저 나의 가치를 알아야 한다. 나를 먼저 사
랑한 후에 타인을 사랑할 수 있는 것이지 그렇지 못한 사람이
타인을 먼저 사랑하는 것은 위선이다.

엄마가 말했다.

"항상 잊지 말고 다른 사람들을 도와야 한다."

아이가 물었다.

"그럼 다른 사람들은 무얼 하는데요?"

엄마는 당연하다는 듯이 말했다.

"그들도 다른 사람들을 돕지."

의아해진 아이가 말했다.

"이상한 방법이네요. 다른 사람이 또 다른 사람을 돕고, 또 다
른 사람이 또 다른 사람을 돕고. 그렇게 하지 말고 그냥 자기
자신을 도우면 안 되나요?"

"…."

엄마는 더 이상 말을 잇지 못했다.

아이는 자연의 순수와 지혜를 그대로 지니고 있다. 아이들의
순수한 눈으로 보는 것이 진리에 가깝다.

우리는 유대 신비주의자 힐렐이 한 말에서 답을 찾을 수 있다.

"당신마저 당신을 위하지 않는다면 누가 당신을 위하겠는가?
그리고 당신이 오로지 당신만을 위한다면 당신의 삶에 무슨 의
미가 있는가?"

나만을 위해 사는 것은 지극히 근시안적인 사람이다. 정말 나
를 사랑하는 사람은 나만을 위해 살지 않는다. 그것은 나보다
다른 사람이 더 소중해서가 아니라 이타적으로 사는 것이 나를
돕는 최선의 방법이라는 것을 알기 때문이다.

나를 사랑하면 타인을 사랑할 수 있는 마음이 생기지만 나를
사랑하지 않고 타인을 사랑하면 오래 가지 못한다.

두 번째 중요한 사람은 배우자이다.

배우자는 내가 선택했지만 인연을 맺어준 것은 하늘이다. 지금 내 옆에 있는 사람을 소중하게 생각하고 잘 대해야 한다. 그러나 우리는 소중한 사람을 대하는데 익숙하지 못하다. 가까이 있는 사람들의 소중함은 대부분 잃고 나서야 알게 된다.

부부가 오래 같이 살다 보면 서로 알려고 하지 않는다.

가족은 가까이서 봐서 속속들이 안다고 생각하지만 한 꺼풀만 벗기면 더 이상 아는 것이 없다. 다 안다고 생각하는 마음 때문에 더 깊이 보지 못하는 것이 가족이다. 불행의 반이 여기서 시작된다.

몇 년 전 아내와 함께 부산 MBC 강당에서 혜민스님 법문을 들었다.

보통 법문과 달랐다. 무대에 의자가 몇 개 있었다. 스님은 젊은 한 커플을 무대 위로 올라오게 했다. 마주보게 하고 서로의 눈을 보라고 했다. 조명이 어두워지고 잔잔한 음악이 흘러나왔고 스님은 아무 말도 하지 않고 지켜만 보고 있었다.

1분 정도 지나자 여자가 울먹이기 시작했다. 잠시 후 남자도 따라 울었다. 스님은 아무 말도 하지 않았다. 다시 조명이 밝아지자 스님이 왜 우느냐고 물었다.

여자는 "같이 살아도 이렇게 얼굴을 오래 보고 있은 적이 없었다"고 했다.

스님은 지금 마음이 어떠냐고 물었다.

여자는 "이제 속이 시원하고 편안하다"고 했다.

스님은 두 사람에게 아무 말도 하지 않았지만 두 사람은 스스로 깨달음을 얻은 것 같았다.

다음엔 나이가 좀 지긋한 50대 후반으로 보이는 부부를 올라오게 했다. 스님은 같은 방법으로 부부를 마주보게 했고 역시 조금 지나자 여자가 먼저 울기 시작했다.

젊은 사람보다 우는 데까지 시간은 더 걸렸지만 더 격하게 울었다. 그런데 남자는 울기는 커녕 아무런 변화가 없었다.

살아오면서 감정이 무디어진 것 같았다.

음악이 그치고 조명이 밝아지자 스님이 여자에게 왜 울었는지 물었다.

그녀 역시 젊은 부부와 같은 말을 했다.

스님은 남자에게 지금 심정이 어떤지 물었다.

"아내에게 고생을 많이 시켜서 미안하게 생각한다"며 앞으로 더 잘 해주어야겠다고 덧붙였다.

두 부부를 보고 느꼈다.

'물고기가 물에서도 목마르다'는 말처럼 부부가 같은 집에 살면서도 서로 눈을 마주보고 이야기하는 것이 그렇게도 어려운 것인가 하고.

배우자의 모습은 거울에 비친 내 모습이다. 사람은 자신보다 더 나은 상대를 선택하기 어렵다. 배우자의 수준이 나의 수준이라고 생각하면 된다.
오늘 밤에 와인 한잔 하면서 서로의 눈을 보며 대화를 한번 해보라. 문제의 대부분은 서로 눈을 보며 이야기하지 않는 데서 오는 것은 아닐까.

「자세히 보아야 예쁘다
오래 보아야 사랑스럽다
너도 그렇다」

나태주의 '풀꽃'이다.
풀꽃조차도 자세히 보고 오래 보면 예쁘고 사랑스러운데 우리는 왜 소중한 사람을 사랑하지 못하는 걸까.

세 번째로 중요한 사람은 지금 나를 힘들게 하는 사람이다.

나를 즐겁게 해주는 사람을 가까이 하고 힘들게 하는 사람을 멀리하는 게 인지상정인데 이 말은 좀 의아하게 들릴 것이다. 살다 보면 내 뜻과 관계없이 나를 힘들게 하는 사람을 만나게 된다. 그때마다 힘들고 괴롭다고 생각하면 삶이 힘들어진다. 거친 북풍이 바이킹을 만들었듯이 나를 힘들게 하는 사람을 통해 우리는 좀 더 나은 사람이 될 수 있다.

당나라 시인 왕양명은 위기에 처했을 때가 가장 공부하기 좋은 때라고 했다. 이유야 어찌되었든 문제가 있다면 그 원인은 나에게 있다고 생각해야 된다. 갈등 상황이 나에게 공부를 할 수 있는 아주 좋은 기회를 준 것이다.

'그 사람이 나에게 공부를 할 기회를 주니 고맙다'는 생각이 들 때까지 공부를 하면 지금과는 다른 사람이 될 것이다. 그가 나를 다르게 보지 않는다고 해도 내가 이미 그 사람을 다르게 보고 받아들일 수 있기 때문에 이미 어제의 내가 아닌 것이다.

초등학교 동기 모임에서 모욕을 당한 적이 있었다. 한때는 친하게 지낸 동기였는데 동기회에서 나의 인격을 짓밟는 발언을 한 것이다. 과거 동기 모임에서 재미있게 하자고 여자 동기에게 한 행동이 '성행위를 연상하게 한다'는 말을 한 것이다. 무슨 의도로 그런 말을 했는지는 알 수 없지만 공개적인 자리에서 그런 말을 한 것에 대해 모멸감을 느꼈다. 한동안 마음이 복잡했다.

시간이 지나면서 내 괴로움은 그의 말 때문이 아니라 나 자신에게 있다는 것을 알게 되었다. 처음에는 '어떻게 나를 그렇게 볼 수가 있나'라고 생각한 것이 나중에는 '그렇게 볼 수도 있겠구나. 그렇게 보였다면 나한테도 문제가 있을 수 있겠구나'라고 생각하게 되었다. 그러면서 나의 마음도 평정을 찾게 되었다. 고통은 타인에게서 오는 것이 아니라 나의 마음에서 오는 것이라는 걸 실감하였다. 나중에 그 친구도 공개적으로 이야기한 것에 대해 사과했다.

마음의 감옥에서 벗어나기 위해서는 반드시 어떠해야 한다는 마음, 내 고집을 부리는 마음, 나를 중심으로 생각하는 마음을 버려야 한다.

당신을 힘들게 하는 상사, 까다로운 고객, 경쟁자는 당신이 피해야 할 사람이 아니라 당신을 더욱 큰 사람으로 만들어주는 사람이다.

"나를 죽이지 못하는 것은 나를 더 강하게 만들 뿐이다" 라고 니체는 말했다.

힘든 훈련이 군인의 육체와 정신을 강건하게 하는 것처럼 우리를 힘들게 하는 사람이 지금의 나를 더욱 강하게 만든다.

삼국지에 죽은 공명이 산 중달을 쫓는 이야기가 나온다. 사마 중달은 오장원의 전투 중 제갈공명이 세상을 떠났다는 소식을 듣고 눈물을 흘렸다. 공명이 비록 적이지만 그가 있었기에 자신의 존재가 빛날 수 있었다는 것을 알고 있었던 것이다.

부드러운 보스는 나를 편안하게 하지만 그런 사람 밑에서는 성장을 할 수 없다. 까다로운 보스는 나를 힘들게 하지만 더욱 깊이 있는 사람으로 만든다. 나를 능가하는 경쟁자, 나를 힘들게 하는 상사와 고객, 바가지를 긁는 마누라를 피해야 할 사람이 아니라 소중한 사람이라고 생각하면 세상에 미워할 사람도, 두려워할 사람도 없다.

큰딸 이야기

결혼은 사랑의 완성처럼 보이지만 끝자락이 되기도 한다. 연애는 사랑이고 결혼은 생활이기 때문이다.

사랑의 유효기간은 길어야 3년이다. 밀월의 시간이 지나면 연애는 사라지고, 사랑은 시들기 쉽다. 시들지 않는 꽃은 조화다. 사랑은 시들 수도, 깨질 수도 있기 때문에 아름답다.

영국으로 시집간 큰딸한테서 전화가 왔다. 평소에 밝던 아이가 한참 뜸을 들이다가 침울한 목소리로 이야기했다. 순간 가슴이 철렁 내려앉는 것 같았다. 국제결혼한 지 2년 반이 되었지만 한번도 그런 적이 없었다.

어떤 큰 일이 있더라도 담담하게 받아들여야 한다고 생각했다. 아랫배에 힘을 주고 숨을 천천히 쉬며 이야기를 들었다. 전화의 요점은 '사소한 일로 최근에 너무 자주 싸운다'는 것이었

다. 딸은 심각하게 말했지만 나는 속으로 웃었다. 결혼한 지 3
년 가까이 됐으니 슬슬 상대의 단점이 보이기 시작할 때라는
것을 나는 알고 있었기 때문이다. 부부싸움은 누구나 하는 것
이다. 딸도 그 과정을 겪고 있을 뿐이었다.

"서로 다른 두 사람이 만나 같이 살면서 다툼이 없을 수 있겠
느냐. 특히 너는 말과 문화가 다른 영국 사람과 결혼했으니 성
격이 맞지 않는 게 당연하다. 지금 자주 싸우는 것은 상대가 바
뀌어서 그런 것이 아니라 상대에 대한 너의 생각이 바뀌어서
그런 것이다."

딸은 처음에는 수긍을 하지 않았다.

딸의 이야기를 충분히 들어주고 위로해주었다.

"원래 부부싸움은 사소한 것으로 하는 것이다. 싸우면서 서로
에게 길들여지는 것이 부부란다. 너만 그런 일을 겪는 것이 아
니라 모두가 겪는 일이다. 엄마 아빠도 그런 과정을 다 겪었고
지금도 진행형이다."

결혼식 때 딸 내외에게 '지금 그대로 사랑하라'고 했던 말을
상기시켜주었다.

"좋을 때만 사랑하는 것이 아니라 좋지 않을 때도 사랑하는 것
을 잊어서는 안 된다. 사랑할 조건을 갖추었을 때만 사랑하는

것은 사랑이 아니라 욕심이다."

딸은 "그 말을 지금까지 잊고 살았다"고 하였다.

철학자 사르트르는 '타인은 나의 지옥'이라는 말을 했지만 살아보면 지옥은 타인이 아니라 나라는 사실을 깨닫게 된다.

"신랑이 지금 공부하느라 힘들어서 너에게 찡찡대고 있는 것일지도 모르니 받아주어라. 상대를 바꾸려고 하면 절대 바뀌지 않는다. 내가 먼저 바뀌면 상대는 그때 바뀐다."

딸은 그렇게 해보겠다고 했다. 딸의 목소리가 조금 안정을 찾아가기 시작했다.

딸에게 다음과 같은 세 가지를 덧붙였다.

첫째, 서로에게 길들여져야 한다.

어느 한 쪽이 아닌 서로에게 길들여지는 것이 중요하다.

그리고 자기가 길들인 것에 대하여는 책임을 질 수 있어야 한다.

둘째, 차이를 인정할 줄 알아야 한다.

불행한 결혼의 원인은 성격 차이에서 오는데, 성격 차이가 없는 커플은 없다. 중요한 것은 차이를 인정하고 줄이도록 노력하는 것이다.

셋째, 계속 공부해야 한다.

삶은 끊임없이 배우는 과정이다. 사랑도 행복도 배워야 할 기술이다.

항상 공부하여 너그럽고 깊은 사람이 되어 서로에게 친구 같고, 스승 같은 사이가 되길 바란다.

인간관계 중 가장 어려운 것이 부부 간이다. 도저히 안 맞으면 이혼이라는 극단적인 방법이 있기는 하지만 그것이 근본적인 해결책은 아니다. 재혼을 하더라도 그런 문제에서 자유로울 수 없다. 자기 자신을 다스리면서 지금 그대로 사랑하는 것이 지혜로운 삶이다.

부부는 단순히 좋아해서 맺어진 사이가 아닌 사랑으로 맺어진 사이다. 장미를 좋아하는 사람은 꽃을 보고 즐기면 그만이지만 사랑하는 사람은 꽃에 물을 줘야 한다. 사랑하는 사람은 책임을 져야 한다.

《어린왕자》에 나오는 말처럼 내가 길들인 것에 대해서는 책임을 져야 한다. 좋아하는 장미에 물만 주어서 되는 것이 아니라 때론 가시에 찔려 눈물 몇 방울 흘릴 각오도 해야 한다.

인간관계의 기술

인간관계는 상대방을 어떻게 대하느냐 보다 나 자신을 어떻게 조절하느냐가 더 중요하다. 관계를 원만하게 하려면 나와 상대를 어떤 관점에서 보고 대하는 것이 좋을까. 나와 상대방을 보는 관점만 바꾸어도 세상을 보는 눈이 달라진다.

첫째, 남을 나라고 생각할 때
남을 나라고 생각하면 타인도 나와 똑같이 소중한 사람이라는 생각이 든다. 그때 남에 대한 배려와 사랑하는 마음이 생긴다. 더 나아가면 남의 불행이 나의 슬픔이고 남의 행복이 나의 기쁨이 되는 것이다. 모두가 이런 마음을 가질 때 세상은 대동사회가 된다.

둘째, 남을 남이라고 생각할 때

스쳐 지나가야 할 사람을 남처럼 보내지 못하여 가슴에 잡아두거나, 남처럼 무심히 보고 넘길 수도 있는 일을 내 일처럼 봐주다가 상처를 받기도 한다. 남이 나처럼 생각하고 행동하지 않을 때 실망하기도 한다.

남을 나와 다른 독립된 인격체로 생각할 때 타인의 개성과 차이를 인정하게 된다. 남을 남이라고 생각할 때 사랑이라는 이름으로 간섭을 하거나 구속하지 않게 되며, 틀린 게 아니라 다를 뿐이라는 것을 알게 된다. 남에게 의존하는 마음과 잘 보이려는 마음이 없어지며, 비판하거나 간섭을 하지 않게 된다.

셋째, 나를 남이라고 생각할 때

가끔 나를 남이라고 생각해보라. 내가 나라는 의식, 즉 에고 때문에 나 자신이 나에게는 가장 먼 존재가 된다. 에고가 자유로운 의식을 가로막는 가장 큰 장애다. 나에 대한 집착과 분별의식을 멈추면 나를 더욱 객관적으로 볼 수 있다.

이때 내 것이라고 생각했던 나의 몸과 마음 그리고 소유물에 대한 집착이 줄어들고, 나를 둘러싼 높은 벽이 낮아진다.

넷째, 나를 나라고 생각할 때

"산은 산이고 물은 물이다" 라는 말은 성철스님이 한 말로 유명
하지만 원래 이 말은 중국 당나라 청원선사의 게송(偈頌)이다.
누구나 '산은 산이고 물은 물' 이라고 생각하지만 조금 더 생각
해보면 '산은 산이 아니고 물은 물이 아닐지도 모른다' 는 생각
에 빠지게 된다. 그러나 여기서 공부를 더 하게 되면 다시 '산
은 산이고 물은 물이다' 로 돌아가게 되어 한 번 미혹에 빠졌던
마음이 더욱 단단해진다.

나도 이와 비슷한 경험을 한 적이 있다.

얼마 전에 '책을 읽는 것이 과연 나에게 필요한 것일까?'라는 의문이 들었다. 더 이상 보고 싶은 책도 없고, 읽어도 도움이 되지 않는 것 같았다. '웬만한 책들은 다 읽어보았다'는 생각이 들었기 때문이다. 빌린 책을 반납하고 더 이상 책을 빌려보지 않기로 하고 도서관에 갔다. 나오는 길에 한 바퀴 둘러보다가 아주 두꺼운 책이 눈에 들어왔다. 《톨스토이의 인생론》이었는데 1,2권으로 되어 있었다. 펼쳐보니 모두 천 쪽이 넘었고 내용도 깊었다. 순간 '나도 알만큼 안다'는 나의 생각이 옹졸하였다는 것을 알았다. 공부에는 끝이 없고 배우는 데에는 책만한 것이 없다고 생각하여 다시 다섯 권을 빌려왔다. 그 후 독서에 대해 흔들리는 마음은 생기지 않았다.

사랑과 집착

거품이 맥주의 일부인 것처럼 집착도 사랑의 일부이며 필연적으로 발생하는 것이다. 그러나 그것이 일부로 존재해야지 너무 많으면 문제가 생기기 마련이다.

정답이 없는 인생의 문제에 대해 내 생각을 정답이라고 박박우긴 적이 있다.

"결혼한 사람이 이성 친구를 가지는 것을 어떻게 생각하느냐?"

신혼 때 아내가 물었다.

순간 아내의 질문에 불순한 의도가 깔려 있는 것은 아닐까 생각하고 잘라 말했다.

"절대 반대한다."

"왜 그렇게 극단적인가요?"

"처음에는 다 그렇게 시작하지만 결국 끝이 좋지 않게 된다."

대화가 오고가면서 자신의 주장만 할 뿐 서로의 의견에 공감하지 못하고 결국 부부싸움으로 번지고 말았다. 그때 사랑이라는 이름으로 상대의 생각을 소유하거나 통제하려고 한 것이 아니었을까 생각한다. 만약 지금 그런 질문을 받는다면 아내의 이야기를 끝까지 들어주고 공감해주었을 것이다.

사랑이 있으면 의심과 질투가 생기기 마련이고 그것으로 괴로울 때가 많다. 한 사람을 진정으로 사랑하는 것은 상대를 내 손에 잡고 있는 것이 아니라 놓아주는 것이다. 아무리 꼭 붙잡으려고 해도 갈 사람은 가고 빗장을 다 풀어놓아도 사랑이 있으면 가지 않는다.

집착은 사람에게만 있는 것이 아니다. 나는 마당의 벚나무를 가장 좋아한다. 벚나무는 꽃이 질 때도, 단풍이 들 때도, 나목으로 있을 때도 좋다.

어느 날 아내가 나에게 벚나무를 모두 베어달라고 하였다. 가지가 자라면서 집을 가린다는 것이 이유였다.

나는 강력한 어조로 반대했다.

"다른 나무는 다 베어도 벚나무는 못 벤다."

아내도 강하게 버텼다. 아내의 계속되는 고집에 나는 상황을 종식시키기 위해 최후의 말을 했다.

"내 다리를 베었으면 베었지 벚나무는 못 벤다."

그 말을 하면 더 이상 벚나무 이야기가 나오지 않을 줄 알았다. 그러나 아내의 태도는 전혀 바뀌지 않았다. 냉전의 시간이 한참 흘렀지만 우리는 계속 평행선을 달렸다. 결국 내가 벚나무를 내려놓기로 하고 10그루 중 6그루를 베었다. 나머지는 두고 보자고 하며 일단 남겨두었다. 큰 나무를 베고 치우는 것도 쉽지 않았다. 하기 싫은 일을 하니 힘이 두 배로 들었다.

처음에는 벚나무가 있던 빈자리를 보며 슬퍼했지만 시간이 지나면서 생각이 조금씩 바뀌기 시작했다. 내가 좋아하는 벚나무를 베라고 하는 아내도 문제가 없는 것은 아니지만 끝까지 버틴 나도 문제가 있다고 생각했다. 벚나무가 아무리 좋아도 그것 때문에 부부 사이를 힘들게 할 수는 없었다.

그토록 소중하게 생각한 것이 시간이 지나면서 그것 없이도 살아가는데 아무 문제가 없었다. 오히려 몇 개 남아 있는 나무가 더 소중하게 느껴졌다.

벚나무 사건은 그것이 끝이 아니었다. 2년 후 아내와 또 한 번 치열한 전투를 치러야만 했다. 나에게 나머지 벚나무도 모두 베라고 했다. 아물어가는 상처가 또 다시 터지는 것 같았다.

이번에는 "내 목을 베었으면 베었지 벚나무는 못 벤다"고 더
강경하게 버텼지만 결국 두 그루만 남기고 다 베었다. 충격이
더 클 줄 알았는데 생각보다 크지 않았다. 반복되는 불행에는
항체가 생기는 법이다. 없는 나무를 생각하는 게 아니라 있는
나무의 꽃을 보고 즐기자고 생각하니 마음이 곧 안정되었다.

집착을 뜨거운 사랑으로 착각하기도 하지만 집착은 사랑의 가
장 큰 장애물이다. 방하착(放下着)의 진정한 의미는 내려놓은
후에야 알게 된다. 내가 좋아하는 것을 스스로 내려놓는다는
것은 어려운 일이다. 집착을 내려놓기 전에는 내가 집착하고
있다고 생각하지 않는다. 일단 내려놓고 나면 그것이 전부가
아니라는 생각이 들면서 보이지 않았던 다른 것들이 보이기 시
작한다.

만두 이야기

'고기도 먹어본 사람이 더 잘 먹는다'는 말처럼 행복도 사랑도 누려본 사람이 더 찾기 마련이다. 고양이가 찾아온 것은 작년 여름 무렵이었다. 옆집 농장에서 키우던 고양이가 고기 굽는 냄새를 맡고 온 뒤부터 집에서 키우게 되었다. 만두를 좋아하는 둘째가 고양이를 만두라 불렀다. 혈통 있는 노르웨이 숲 고양이 같았다. 집에는 만두 외에 다른 야생 고양이도 두 마리가 더 있었다.

만두는 사람을 잘 따랐지만 다른 고양이들은 사람을 경계하였다. 만두와 같이 먹이를 주어도 인기척을 느끼면 금세 도망간다. 우리 집에 온 지 한 달 정도 된 만두는 제법 통통해졌다. 먹이를 줄 때는 몸을 한 바퀴 뒹굴면서 재롱을 부리기도 했고 그렇지 않으면 졸졸 따라다니며 특유의 소리를 냈다. 볼일을 보고 난 후 흙으로 덮어 흔적을 지우는 모습도 귀여웠다.

어느 날, 데크에 담배꽁초 4개가 가지런히 떨어져 있었다. 그 전에도 그런 일이 있었다. 그때는 2개가 떨어져 있었는데 이번에는 더 많아졌다. 처음에는 '누가 남의 집에 담배꽁초를 버렸을까' 생각했다. 최근에 우리 집에 다녀간 사람도 없었다. 아내와 한참 생각한 끝에 만두가 그랬을 것이라 생각했다. 아내는 그럴 리가 없다고 했지만 내가 그렇게 결론을 내린 데는 이유가 있었다.

스님이 낮잠을 자고 일어났는데 배 위에 죽은 쥐가 있어 깜짝 놀랐다고 한다. 처음에는 다른 스님의 장난일 줄 알았는데 그게 아니었다. 계속 반복되었기 때문이다. 스님은 음식찌꺼기가 생기면 고양이가 먹을 수 있도록 그릇에 놓아두었다(절에서 고양이가 먹을 만한 것이 뭐가 있을까?). 아마 감사의 표시로 좋아하는 쥐를 잡아 스님의 배 위에 올려두었을 거라고 생각했다. 만두도 나에 대한 감사의 표시로 담배꽁초를 물어다 놓았을 것이라 생각하니 기특했다.
스님도 자신의 배 위에 죽은 쥐를 보고 얼마나 놀랐겠는가. 스님 이야기를 생각하니 마음이 바뀌었다. 누군가 꽁초를 버렸다면 그렇게 가지런히 버렸을 리가 없을 것이다. 내가 만약 그 스

님의 책을 읽어보지 않았다면 이 사실을 몰랐을 것이다.

가족여행으로 집을 이틀 비우고 오니 만두가 보이지 않았다. 잠시 마실갔을 거라고 생각했지만 일주일이 지나도 나타나지 않았다. 그릇에 먹이를 두면 다른 고양이 차지였다. 도대체 만두는 어디로 갔을까. 영영 돌아오지 않았다.

평소에 사랑을 듬뿍 받고 자란 만두는 먹이 찾아 가버린 것일까, 사람을 잘 따르는 성격 때문에 다른 사람 따라 간 것일까. 고양이가 개보다 충성심이 적다는 것을 알고 있었지만 이틀을 참지 못하고 다른 곳으로 간 만두가 원망스러웠다. 산 지 얼마 되지 않은 20키로 사료 포대를 보고 있으면 만두가 더욱 보고 싶었다.

돌아오지 않는 만두를 더 기다려도 소용이 없을 것 같아 생각을 정리했다. 부부금슬이 좋은 사람일수록 사별 후 재혼을 더 빨리 한다고 한다. 만두도 사랑을 찾아 더 좋은 곳으로 갔을 거라고 위안해본다. 야생 고양이와 다르게 이틀은 만두에게 긴 시간이었을 것이다. 동물은 키우면 반드시 한 번은 헤어져야 하므로 가까이하지 않는데, 만두사건 후 마음을 굳혔다.

만두가 금방이라도 꼬리를 흔들며 돌아올 것만 같다.

익숙한 것을 낯설게 보라

아무리 좋은 것도 익숙해지면 더 이상 좋은 줄 모른다. 장난감을 자주 바꾸는 아이들도, 차를 자주 바꾸는 어른도 마찬가지다. 이발을 하면 하루가 즐겁고, 차를 바꾸면 한 달이 즐겁고, 집을 바꾸면 1년이 즐겁다. 더 이상의 즐거움은 없다.

사람도 마찬가지다. "모르는 여자가 아름답고, 가장 예쁜 여자는 처음 보는 여자"라는 우스갯소리가 있다. 고향에서 영웅 없고, 훌륭한 사람도 가족에게 존경 받기 어렵다. 아무리 좋은 향기도 잠시 뿐이고 호의가 계속되면 권리가 되기 십상이다.

내가 가지고 있는 것의 가치는 작게 보고 가지고 있지 않는 것의 가치는 크게 본다. 아무리 좋은 것도 내 손에 들어오면 평범한 것이 되고 타성에 젖게 된다.

행복한 부부관계에 가장 걸림돌이 되는 것이 바로 이것이다. 벗어나기 위해 일탈을 꿈꾸지만 돌아오는 것은 허무뿐이다. 타성에서 벗어나는 방법은 없을까?

세상을 바라보는 나의 눈을 바꾸면 된다. 상대는 좀처럼 바뀌지 않는다. 결혼하기 전에는 상대가 어떤 사람인지 아는 것이 중요하지만 결혼 후엔 상대를 어떻게 보느냐가 더 중요하다.

배우자를 사랑하는 가장 좋은 방법은 새로운 것을 찾아내는 것이다. 특별한 사람은 없다. 익숙한 것에서 새로운 것을 찾을 수 있어야 타성에서 벗어날 수 있다.

어제와 같은 생각으로 세상을 보고, 어제와 같은 마음으로 오늘을 살아가니 더 이상 새로울 것도 재미있을 것도 없다. 우리가 돈을 들여 여행을 하는 것은 즐거움을 얻기 위해서다. 즐거움을 찾기 위해서는 변화가 있어야 한다. 대개 변화를 외부에서 찾지만 지혜로운 사람은 마음에서 찾는다.

부부관계에도 변화가 있어야 한다.

같은 사람과 수십 년을 사는데 타성에 젖는 것은 당연하다.

그것을 극복하기 위해선 새로운 눈이 필요하다. 어른들은 낯선 것을 익숙하게 만들지만 아이들은 익숙한 것을 낯설게 본다. 새로운 것을 보지 못하는 사람에게는 감탄할 일도 즐거운 일도 없다.

나의 수준만큼만 세상을 볼 수 있다. 객관적인 세상이란 존재하지 않는다. 각자의 색안경을 끼고 세상을 바라본다. 객관적으로 보려는 게 아니라 보고 싶은 색깔로 세상을 본다.

다른 사람의 행동을 조정할 수는 없지만 그것을 대하는 우리의 태도는 조정할 수 있다. 내가 행복해지기 위해 상대방이 달라지기를 더 이상 기대하지 마라. 궁극적으로 달라져야 할 것은 환경이 아니라 그것에 대한 나의 반응이다.

선과 악은 공존한다. 선한 사람, 악한 사람이 따로 있는 게 아니다. 같은 영화를 보고도 슬퍼서 우는 사람이 있는가 하면 무덤덤한 사람도 있다. 대상이 중요한 게 아니라 어떤 의미를 부여하느냐가 중요하다.

세상을 바로 보기 위해서는 보이는 대로 보는 것(見)이 아니라 바로 보는 것(觀)이 중요하다. 낯설게 보는 것이 어려우면 과분하게 보라.

페르시아의 서정시인 하피즈는 말했다.

"이제 모두를 신처럼 바라보라. 그러나 이를 비밀로 하라."

당신의 배우자를 왕이나 왕비로 바라보라. 당신은 그에 상응하는 사람이 될 것이다. 삶의 진정한 의미는 새로운 것을 찾는 것이 아니라 이미 있는 것을 새로운 눈으로 보는 데 있다.

사람 평가

몇 년 전 판사가 사표를 냈다. 판단이 너무 어렵다는 게 사표의 변이었다. 판사는 판단을 쉽게 해서는 안 되는 사람이다. 판사만 그럴까?

우리는 스스로 만든 기준에 상대가 미치지 못하면 실망하거나 상처를 받는다. 그리고 상대를 나의 기준으로 판단하고 합리화한다. 오늘도 우리는 누군가를 판단하고 이에 따라 행동한다. 하지만 판단이 절대적이 아니라는 것을 항상 생각해야 한다. 당신은 어떤 기준으로 사람을 판단하는가?

고교 동기 중에 책을 많이 읽는 친구가 있다. 그는 자신이 읽은 책 내용을 발췌하여 동기 밴드에 많이 올렸다. 그가 올리는 책 내용으로 미루어 그의 성향을 짐작할 수 있었다. 책 인용만 하지 말고 자신의 생각을 올리면 좋겠다고 생각했다. 계속 같은 패턴으로 올리는 그의 글을 대충 읽는 경우가 많았다.

동기 모임에서 그들에게 나의 책을 한 권씩 주었다. 며칠 후 밴드에 익숙한 내용의 글이 올라왔다. 나의 책 내용 중의 일부를 그가 올린 것이다.

순간 머리를 한 대 맞은 것 같았다. 미안함과 고마움이 교차했다. 미안함은 그가 다른 책을 인용만 하고 자신의 생각을 올리지 않는 데에 대해 은근히 불만을 가진 것 때문이고, 고마움은 나의 책을 인용한 데 대한 감사의 마음이다.

이렇게 사람 마음이 간사하다. 고정관념은 눈과 귀를 막는다. 사랑에 빠진 사람도, 아집에 빠진 사람도 그렇다.

예단은 빠른 판단으로 신속하게 일을 처리할 수 있게 하지만 판단이 잘못되었을 경우에는 일을 그르치게 한다. 사람을 판단할 때 신중해야 한다.

사람은 자기 수준만큼만 세상을 볼 수 있다. "부처님 눈에는 부처만 보이고 돼지 눈에는 돼지만 보인다"는 무학대사의 말은 만고의 진리다. 특히 남을 평가하는 말은 그 사람의 수준을 그대로 보여준다. 남의 칭찬에 인색하고 비난을 많이 하는 사람은 그것이 그 사람의 한계다.

평범한 사람을 과대평가하여 실망하는 경우도 있지만, 선한 사

람을 잘못 판단하여 상처를 준 적이 얼마나 많은가? 한 면만 보고 다른 면을 보지 못한다면 아무 것도 보지 못하는 것보다 더 위험하다.

선입견을 가지면 성급하게 생각하고 결정짓기 십상이다. 판단이 늦어서 낭패를 보는 수도 있겠지만 섣부른 판단으로 일을 그르칠 때도 있다. 판단하기 전에 끝까지 관찰하라. 그런 다음에 판단해도 늦지 않다.

사랑은 믿고 기다려주는 것이다. 한 번 마음을 열어준 사람에게 상대의 마음을 모르면서 내 생각대로 판단하는 것은 위험한 일이다. 상대의 속마음을 모르고 함부로 속단하는 일은 없는가 생각해보라.

부모의 시간

26살에 결혼하여 자식 셋을 키우면서 꿈같이 행복했던 시절이 어제의 일 같은데, 새털같이 많았던 날들은 언제 흘러갔는지 아이들은 제 갈 길로 다 떠나고 지금은 빈 둥지에서 둘만 살고 있다.

퇴근해서 집에 오면, 둘은 양 팔에 매달리고 하나는 들고 있는 과자봉지를 잡아당겨 거실로 끌려갈 때가 제일 행복했다. 저녁 에 삼겹살을 구우면, 굽느라 바빠 못 먹는 아빠 입에 아이들이 하나씩 상추에 싸서 넣어주는 삼겹살이 제일 맛있었다.

춘원 이광수는 "사람은 사랑이 무엇인지 알기도 전에 결혼을 하고, 부모의 역할이 무엇인지 알기도 전에 자식을 낳고, 인생 이 무엇인지 알기도 전에 죽는다"고 말했다.

알아야 할 것을 제때 모르면 언젠가는 대가를 치러야 한다. 나는 평소에는 자상하고 장점이 많은 아빠였지만 아이들에게 '합리성'이라는 잣대를 들이대는 단점이 있었다.

가족여행을 가면서 칭찬을 해주려고 아이들에게 쉬운 문제를 냈는데 아이들이 틀리자 참지 못하고 꾸중을 하여 즐거워야 할 여행길이 피난길 같이 된 적도 있었다. 나에게 쉬운 문제였지만 아이들에게는 어려울 수도 있는데 그때는 나의 기준을 보편적인 잣대라 생각했다.

아이들이 처음 영어를 배울 때, BE 동사와 DO 동사를 구분하지 못하고 3인칭 단수 현재형 동사에 S를 붙이지 못하여 꾸중을 한 적도 있었다. 그런 아이들이 지금은 나보다 영어를 더 잘한다.

《맹자》에 발묘조장(拔苗助長)의 이야기가 있다. 농부가 모를 심은 후 빨리 자라게 하기 위해 모를 조금씩 뽑아올려 결국 모를 다 죽게 만들었다는 이야기다. 그때 내가 그랬었다. 아이들에게 아침에 일찍 일어나서 책을 보고 운동을 하는 좋은 습관을 만들어주려다가 아이들이 잘 따라주지 않아 관계만 나빠지게 되었고, 그 때문에 부부싸움으로 번진 경우도 많이 있었다. 때가 되면 알아서 하는 것을 그때는 왜 그렇게 했을까.

아이들을 키우다 보면 생각보다 일찍 부모 품을 떠나보내야 할

때가 있고 때로는 중대결심을 해야 할 때가 있다. 바로 둘째를 이탈리아로 조기유학을 보낼 때였다. 둘째 아이는 재치 있고 사교성도 좋은데 학교 공부에는 별로 관심이 없었다. 그 대신 개성이 뚜렷하고 손재주가 좋았다. 집에 손님이 어린 딸을 데리고 오면 가만 두지 않았다. 머리를 땋아주고 같이 잘 데리고 놀았다. 딸이 중2가 되었을 때 아내가 별안간 이탈리아로 보내자고 했다. 학과 공부보다는 손재주가 많은 아이니 패션이나 기술을 배우는 게 장래를 위하여 더 낫겠다는 것이다. 나는 도피성 유학이라며 반대했다.

아내는 밀라노에 있는 처제와 미리 상의하고 몰래 아이의 유학을 준비하고 있었다.

아직 어린 것을 먼 나라로 보내려고 하니 모든 게 불안했다. 당시는 월드컵 때문에 이탈리아와 사이가 별로 좋지 않아 더 걱정이었다. 그 일로 아내와 싸운 후 집을 나왔지만 막상 갈 곳이 없어 대구에 계시는 어머니께 갔다. 어머니도 이미 둘째가 이탈리아로 가는 걸로 알고 계셨다. 아내가 주변정리를 이미 다 해놓았던 것이다. 아내의 고집을 꺾을 수가 없어 우여곡절 끝에 딸을 보낸 것이 2002년 여름이었다. 제갈공명이 부하에게 작전계획을 비단주머니에 넣어주는 것처럼 떠나는 딸에게 편지를 세 통 적어주었다. 한꺼번에 읽지 말고 꼭 필요할 때 읽으라고 했는데 딸은 비행기 안에서 다 읽었다고 말했다.

"이탈리아 도착해서 읽어라"고 쓴 첫 번째 편지를 소개한다.

사랑하는 현옥아!
지금 이 편지를 읽는 시간에는 이탈리아에 도착했겠지?
긴 여행에 무척 피곤하겠구나.
너를 지구 반 바퀴나 도는 먼 이국땅에 보내려고 하니 마음이 무척 무겁고 착잡하구나. 너를 보내기 전에 너의 엄마와 의견이 맞지 않아 마음이 괴로웠단다. 지금도 마음이 무겁긴 마찬가지다.
그러나 이미 네가 큰 목표를 이루기 위해 부모 곁을 떠나 어려운 길을 택한 이상 더 이상 한국에 미련을 두지 마라. 전에도 말했지만 너는 거기에 여행을 간 것이 아니다. 한국에서는 이루지 못할 꿈을 이루기 위하여 갔다는 사실을 명심해라. 지금이 인생에서 가장 중요한 시간이다. 때로는 엄마, 아빠, 형제가 보고 싶을 때도 있겠지. 하지만 그때마다 마음을 굳게 먹고 열심히 공부해라.

한국에 있을 때의 마음을 완전히 바꾸어라. 무엇보다도 그 나라의 언어를 최대한 빨리 익히는 것이 중요하다. 그것 없인 아무 것도 할 수 없다. 친구도 새로 사귀고, 지리도 익히고, 할 일도 많겠다. 어려울 때마다 네가 받은 해병대 훈련을 생각해라. 나는 처음에는 너를 많이 걱정했지만, 이제 부모 곁을 떠난 이 시점에서 너를 믿을 수밖에 없다. 네가 부모 애도 많이 먹였지만 거기서는 잘할 것으로 믿는다.

공부도 중요하지만 건강도 중요하다. 운동도 많이 하고, 즐겁게 지내도록 해라. 물론 처음에는 언어, 환경에 익숙해질 때까지 스트레스를 많이 받을 것이다. 이것도 피하지 못할 과정이니 극복하도록 노력해라. 한국에서 생활한 것은 잊어라. 이제부터 시작이다. 네가 잘 되어 돌아오는 것이 너를 위한 길이고, 부모를 기쁘게 하는 길임을 명심하고 열심히 해라.

2002. 8. 11 사랑하는 딸을 멀리 보내는 아빠가

지금 읽어보면 괜히 쓸데없는 걱정과 잔소리를 많이 했다고 생각되지만 그 당시의 마음은 굉장히 복잡하고 불안했다.

해병대 캠프에서 훈련 중에 보낸 아들의 편지도 있다.

포항 해병대에서 학생들과 일반인들을 상대로 해병대 캠프를 하고 있었다. 나는 겨울방학을 이용하여 중2 아들을 거기에 보내기로 했다. 한겨울에 고생을 하겠지만 체력도 단련하고 단체생활을 통해서 마음이 단단해지길 바랐다. 아들이 캠프에서 편지를 보냈다. 훈련효과가 바로 나타나는 것 같았다.

엄마, 아빠께

엄마, 아빠. 비록 아빠의 권유로 이 해병대 캠프에 오게 되었지만 전 지금 열심히 하고 있고 같은 내무반 동기들과도 문제없이 잘 지내고 있고 교관들 말도 잘 따르고 있어요.

엄마, 아빠 말씀대로 전 너무 나약하고 매사에 관심도 없어요. 하지만 전 여기 와서 반드시 바뀌어서 돌아갈 거예요. 엄마가 바라던 그 씩씩하고 강하고 매사에 관심이 있는 그런 모습으로 돌아갈게요.

저번 시험에 엄마를 너무 실망시켜드려서 정말 죄송해

요. 하지만 집에 가서는 정신 똑바로 차리고 행동할게요.
아빠, 우선 이 해병대 캠프에 저를 보내주셔서 정말 감
사해요. 떠나기 전엔 아빠가 원망스러웠는데 여기 와서
며칠 있으니까 아빠의 큰 뜻을 조금은 알 것도 같아요.
항상 저 앞에서 술도 드시고 잠도 주무시던 아빠였지만
그게 다 내가 준 스트레스 때문이라는 걸 알아요. 저도
아주 확 바뀌어서 돌아갈 테니 아빠도 술 좀 끊으세요.
지금 받는 이 훈련이 힘들고 고달플지도 모르지만 돌아
가면 이 캠프를 보내준 아빠께 아주 감사할 거예요.
엄마, 아빠. 이제 엄마 아빠가 실망하셨던 예전의 나는
없을 거예요. 꼭 바뀌어서 돌아갈게요. 교관님들 말도
잘 들을 테니 걱정 마세요.

2005. 1. 11 동현이가

나는 술을 좋아한다. 하지만 술을 마시는 나의 모습이 아들에
게 좋게 비춰지지 않은 것 같아 그 후에 술을 좀 줄이긴 했는데
습관이란 쉽게 고쳐지지 않는 것 같다.
내가 담배를 끊게 된 것도 울면서 담배를 쓰레기통에 넣고 만

류하는 아들 때문인데 술까지 그런 걱정을 끼쳐야 하나 싶어 마음이 무거웠다. 아들에게 비춰진 아빠의 모습이 나의 자화상 같았다.

아이가 커서 취업준비를 할 때의 일이다. 졸업을 하고 몇 번의 면접을 보았지만 번번이 떨어졌다. 꼭 될 것 같았는데 떨어진 곳도 몇 번 있었다. 처음에는 느긋하게 기다렸지만 자꾸 떨어지니 속으로 조바심이 났다. 그러나 내색은 하지 않았다.
자기소개서를 고쳐주기도 하고 면접요령을 가르쳐주기도 했지만 계속 떨어지자 자신감을 잃어가는 것 같았다.
풀이 죽어 있는 아들에게 말했다.
"네 꽃의 향기가 없는 것이 아니다. 아직 네 꽃이 필 때가 되지 않았을 뿐이다. 걱정 말고 조금만 더 힘을 내라."
아들은 내 말에 조금 힘을 얻은 것 같았다. 얼마 후 바라던 곳에서 합격통지서가 왔고, 아들은 그때 자신에게 그 말을 해준 것이 큰 힘이 되었다고 말했다.

어머니와 함께한 하루

대구에 계시는 어머니를 장남으로서 직접 모시지 못하지만 주말에 자주 찾아 뵙는다. 구순을 넘기신 어머니는 몸은 연로하시지만 정신은 또렷하다. 언제까지 허락될지 모르지만 어머니와 함께하는 시간이 아직 나에게 주어진 것에 감사한다.

어머니와 함께 있으면 정채봉 시인이 생각난다. 17살에 시집와서 20살 꽃같은 나이에 돌아가신 어머니를 그리워하며 지은 시가 있다.

하늘나라에 가 계시는 엄마가
하루 휴가를 얻어 오신다면
아니, 아니, 아니, 아니
반나절 반시간도 안 된다면
단 5분만

그래, 5분만 온대도 나는
원이 없겠다
얼른 엄마 품속에 들어가
엄마와 눈맞춤을 하고
젖가슴을 만지고
그리고 한번만이라도 엄마!
하고 소리 내어 불러보고
숨겨놓은 세상사 중
딱 한 가지 억울했던 그 일을 일러바치고
엉엉 울겠다.

- 어머니의 휴가

가을 햇살이 가득한 창가에서 어머니의 손톱과 발톱을 깎아드
렸다. 91세의 연세에 비해서 손발이 고왔다. 걸음은 불편하지
만 발은 예쁜 꽃신을 신으면 잘 어울릴 것 같았다. 내가 어렸을
때 햇볕 가득한 마당 뜨락에서 가위로 손톱을 깎아주시던 어머
니가 이제 나에게 손발을 맡겨야 하는 세월이 야속하였다. 많
은 일들이 머리를 스치며 지나갔다.
오후에는 어머니와 거실에서 영화를 보았다. 어머니와 같이 볼

영화는 사극이 좋을 것 같아서 〈방자전〉이라는 영화를 골랐다. 춘향전을 패러디한 영화인데 시작 무렵에 '19'라는 표시가 있긴 했지만 재미있을 것 같아 보았다. 어머니와 함께 보기가 불편할 정도로 야한 장면이 많이 나왔다. 중간에 끌 수도 없고 끝까지 보자니 민망했다. 어머니도 아무 말씀이 없었지만 불편했을 것이다.

나이가 들면 대체로 잔소리가 많아진다. 어머니도 그랬다.
나는 저녁 때 아들을 위해 라면을 끓였다. 다 끓이는 동안 어머니는 식탁에 앉아 잔소리를 하셨다.

"물을 너무 많이 붓지 마라."

"스푸를 다 넣으면 짜다."

"계란은 안 넣나?"

"너의 동생은 라면을 넣고 젓가락으로 저어주던데 너는 안 젓나?"

"김치는 안 꺼내나?"

잠깐 동안에 잔소리를 다섯 번이나 하셨다. 짜증이 났지만 일일이 대응할 수도 없었다. '노인이 그런 잔소리도 못하면 무슨 할 말이 있을까?' 생각했다.

어머니는 바뀌지 않는다. 듣는 사람이 마음을 바꾸는 게 쉽다. '노인들이 잔소리가 많은 것은 나에게 문제가 있어서가 아니라 그것이 그들의 소통방식'이라고 생각하니 마음이 편했다.

누군가가 자신의 삶에 대해 관심을 가지는 것은 좋은 일이다. 그것이 당신의 자식이고 손자라면 더욱 행복할 것이다. 갑자기 어머니의 일생을 책으로 써보고 싶다는 생각이 들었다.

어머니의 삶이 책으로 쓸 정도는 아니지만 조만간 바람과 함께 흩어질 어머니의 삶을 기록으로 남기고 싶었다. 그러려면 어머니의 삶에 대해 더 많이 알아야 할 것이다. 책을 쓰면서 더 많은 시간을 같이 보내고 싶었다. 어머니는 잊고 살아온 지난 세월을 돌아보면서 좋았던 일은 다시 한 번 추억해 보고, 힘들었던 일은 담담하게 회상해보는 시간을 가지게 될 것이다.

어머니의 자식으로 오래 살았지만 당신의 인생에 대해 잘 모른다. 지금까지 당신의 삶에 대해 진지하게 이야기를 나눈 적이 거의 없었다. 어머니의 꿈은 무엇이었는지, 꽃같이 젊은 날의 기쁨과 그리고 지금까지 한번도 말하지 못한 사연은 있었는지 알아보고 싶었다. 그래서 당신의 가슴 속에 묻어두고 지낸 사연들에 색깔을 입힌 책을 어머니께 드리고 싶다. 아버지가 계실 때 이런 생각을 했라면 더 좋았을 텐데 하는 아쉬움이 남는다. 지금이라도 이런 생각을 한 것이 다행이다.

언젠가 어머니가 돌아가시면 정채봉 시인처럼 오지도 못할 어머니의 휴가를 기다릴까?

어머니의 책이 미완성으로 끝나더라도 과정에서 어머니와 대화를 많이 할 수 있을 것 같다. 어머니껜 당신이 걸어온 길을 한번 돌아보는 계기가 되고 자식들에게 들려줄 이야기가 있다는 것이 삶의 활력이 될 것이다.

삶의 위닝샷

어떤 것을 선택할 때 그에 대한 정보를 잘 알고 선택하는 것보다 정보의 일부만 가지고 선택하는 경우가 많다.

알라딘 중고서점에 간 적이 있다. 학창시절 이후 중고서점은 처음이었다. 중고서적이라고 하지만 책장을 접은 흔적도, 밑줄 친 흔적도 없는 거의 새 책 수준이었다. 가격은 새 책의 30~70% 정도이니 잘 고르면 절약이 될 것 같았다.

알랭드 보통이 쓴 《무신론자를 위한 종교》와 다른 책 몇 권을 샀다. 알랭드 보통은 글을 잘 쓰지만 좀 어려운 편이라 망설였다. 책장을 넘기는데 이런 문구가 눈에 띄었다.

"중국의 불교도가 관음보살을 찾아가는 이유도 가톨릭 신도가 마리아를 찾아가는 이유와 같다."

이 문구 하나에 끌렸다. 집에 와서 찬찬히 보니 그보다 더 좋은 글들도 많았지만 그 문구가 결정구(winning shot)였다.

삶도 마찬가지다. 진로를 결정하거나 배우자를 선택할 때 약간의 정보만 가지고 결정하는 경우가 있다. 책을 사는 데 결정구가 있었듯이 삶에서도 결정구가 필요하다. 상대를 설득시킬 때도 결정구가 있어야 된다. 그렇지 않으면 변죽만 울리고 빈손으로 돌아와야 할 때가 많다. 지지부진한 사이라도 위닝샷 한 방이면 전세(戰勢)를 뒤집을 수 있다.

독일의 철혈수상으로 불리는 비스마르크가 애인에게 프로포즈를 할 때 이런 말을 했다.

"나는 완벽한 사람입니다."

애인은 그 말이 약간 귀에 거슬렸지만 '자신에 대해 얼마나 자부심을 느끼면 그런 말을 할 수 있을까' 생각하고 참았다. 그때를 놓치지 않고 그는 이 한마디로 그녀를 완벽하게 쓰러뜨렸다.

"내가 이런 말을 한 것 외에 나는 단점이 없습니다."

이 얼마나 멋있는 말인가.

나도 데이트를 할 때 그의 말을 패러디하여 프로포즈를 했다.

"내가 여자라면 나 같은 남자와 결혼하겠습니다. 이런 말을 한 것 외에는 나는 단점이 없는 사람입니다."

비스마르크의 말을 패러디한 것을 알 리가 없는 상대는 그 말에 감동을 했다.

나는 그 여인과 지금까지 한지붕 밑에서 살고 있다.

꽃도 잎이 받쳐주어야 예쁘게 보이듯이 인간관계에서 결정구가 빛을 발휘하려면 평소의 이미지가 좋아야 한다. 내가 평소에 알랭드 보통을 좋아하지 않았다면 그 책에 처음부터 관심을 가지지 않았을 것이다. 그 책을 사게 된 것도 문장 하나만 보고 결정한 게 아니라 평소에 알랭드 보통이라는 작가에 대한 좋은 이미지를 가지고 있던 차에 그 문구를 보고 최종적으로 사기로 마음을 먹었다고 볼 수 있다.

인간관계도 평소에 좋은 이미지를 심어놓은 다음에 결정구를 날려야 통한다. 다른 사람을 움직이게 하려면 위닝샷이 있어야 한다. 남을 내 마음대로 바꾸는 것은 쉬운 일이 아니다. 나 자신도 잘 안 되는데 어떻게 남을 쉽게 바꿀 수 있단 말인가.

실크로드를 따라가다 보면 주천(酒泉)이라는 도시가 있다. 한나라 때 곽거병이 흉노정벌에 나서 이곳에서 큰 승리를 거두자 한무제가 술을 하사했는데 곽거병은 그 술을 우물에 부어 병사들과 나누어 마셨다. 그것이 그의 위닝샷이었다. 그래서 '주천(술샘)'이라는 이름이 붙었고 2천 년이 지난 지금도 솟아나고 있다. 그는 부하의 마음을 움직이는 법을 알고 있었다. 적은 술로 많은 병사들의 마음을 사기 위해서는 그 방법 밖에 없었다.

에머슨의 시로 알려진 〈무엇이 성공인가〉라는 시가 있다. 나는 이 시를 좋아했다.

"(~) 자기가 태어나기 전보다
세상을 조금이라도 살기 좋은 곳으로
만들어 놓고 떠나는 것
자신이 한때 이 곳에 살았음으로 해서
단 한 사람의 인생이라도 행복해지는 것
이것이 성공이다."

포스코 입사 최종면접에서 면접관의 질문 중 두 가지가 생각난다. 하나는 '레이저에 대해 설명하라'는 것이고, 또 다른 하나는 '인생관에 대해 이야기하라'는 것이었다.
첫 번째 질문에 대한 답변은 썩 만족스럽지는 않았다.
두 번째 질문에 대한 답변을 할 때 무언가 결정구를 날려야겠다는 생각이 들었다. 그때 에머슨의 시가 생각났다.
"저의 인생관은 저가 없을 때보다 저가 있음으로 해서 조금이라도 더 낫고, 한 사람이라도 더 행복해지도록 하는 것입니다. 저가 포스코에 입사함으로 해서 저가 없을 때보다 더 나은 회사를 만들겠습니다."

그렇게 말하고 나서 부사장의 얼굴을 다시 한 번 보았다. 합격할 것 같은 느낌이 들었다. 얼마 후 합격통지서가 집으로 날아왔다.

정치인들에게는 촌철살인의 위닝샷이 더욱 필요하다. 이것이 유머일 수도 있고 비유일 수도 있다. 이것이 있으면 많은 논란을 불러올 수도 있는 일을 한 방에 잠재울 수 있다.

링컨은 역대 미국대통령 중 최고의 유머리스트다. 한번은 의회에서 연설을 하고 있는데 야당의원으로부터 두 얼굴을 가진 이중인격자라는 비난을 받았다. 그러자 링컨은 억울하다는 듯 반문했다.

"내가 두 얼굴을 가지고 있다면 왜 이런 중요한 자리에 하필이 얼굴을 가지고 나왔겠습니까?"

유머라면 처칠도 빠지지 않는다. 그가 하원의원으로 출마했을 때 상대후보로부터 인신공격을 받았다.

"처칠은 늦잠꾸러기라고 합니다. 저렇게 게으른 사람을 의회
에 보내서야 되겠습니까?"

그러자 처칠이 말했다.

"여러분도 나처럼 예쁜 마누라와 산다면 아침에 일찍 일어날
수 없을 것입니다."

이 한 방으로 그는 압도적인 차이로 당선되었다.

김제동 씨가 방위로 근무할 때 사령관 부인에게 아주머니라고
하여 영창을 갔다왔다고 말한 것이 문제가 되어 진위 여부를
놓고 국감에서까지 한동안 시끄러웠다.

그가 "웃자고 한 말에 죽자고 덤벼들면 답이 없다" 고 비유적으
로 말했지만 논란은 쉽게 가라앉지 않았다.

만약 그가 그 당시 위닝샷으로 어린왕자에 나오는 "재미있게
이야기를 하려다 보면 조금은 거짓말을 하는 수도 있다" 는 말
을 인용했다면 어땠을까 하는 아쉬움이 남는다.

외모보다 말

얼마 전에 TV에서 〈히든 싱어〉라는 프로그램을 보았다.
그 날의 주인공은 이선희였다.

이선희와 그녀의 목소리를 닮은 두 명의 여자가 부스 밖으로 나와서 이야기를 나누었다. 주고받는 말을 들으면서 이선희가 말을 예쁘게 참 잘한다는 생각이 들었다. 상대의 노래실력을 칭찬하는 그녀의 말이 나의 마음을 움직이게 했다. 다른 사람들을 좋게 말하면 그 자신이 더 높은 위치에 오르게 된다는 것을 다시 느꼈다. 좋은 감정으로 바라보고 있으니 그녀의 말이 더욱 멋지고 얼굴도 예쁘게 보였다.

그전까지 나는 이선희를 한번도 좋아해본 적이 없었다. 노래도 좋아하지 않았고 그녀의 노래를 불러본 적도 없다. 그녀의 노래는 고음이 많아 부를 수도 없었지만 부르고 싶은 마음도 없었다. 그런 내가 그 날은 왜 그렇게 좋게 보였을까?

사람들은 외모를 보고 좋아하기도 하지만 그 사람의 말을 듣고 좋아하는 경우가 더 많다. 외모가 아무리 예쁘다고 해도 말에 품격이 없으면 한계가 있다.

누군가가 만약 나에게 "해외여행에 같이 갈 사람을 꼽으라"고 하면 이선희를 꼽았을 것이다. 전에는 한번도 그런 생각을 하지 않았다.

사람의 호감을 얻으려면 외모를 고치는 것보다 말하는 법을 고치는 것이 더 낫다. 외모를 고치기 위해 성형수술을 하는 방법도 있지만 돈이 많이 들고 부작용도 걱정해야 되니 그보다 말을 예쁘게 하는 것이 훨씬 쉽고 확실한 방법일 것 같다.

오스트리아 출생의 영국철학자 비트겐슈타인은 "나의 언어의 한계가 나의 세계의 한계다" 라는 말을 했다. 나의 언어를 바꾸면 나의 세계가 달라진다. 나의 세계가 달라지면 나를 대하는 사람들의 생각이 달라진다.

앞으로 노래방에 가면 이선희 노래도 불러보고 싶다. 고음 불가라도 한 번 도전해보고 싶다.

상대의 마음을 바꾸는 데는 말이 결정적인 역할을 한다.

맞선을 본 사람 중에서 한 마디의 말로 나의 마음을 잡은 사람이 있었다. 그녀는 코스모스가 연상되는 사람이었다. 헤어질 때 그녀에게 전화번호를 물었다. 그녀가 마음에 들어서라기보다는 전화번호도 안 묻고 돌아서는 게 좀 어색했기 때문이다.

그 순간 나의 마음을 움직인 그녀의 한 마디는 이것이었다.

"기억하시겠습니까?"

그 말 한 마디에 그녀의 마음이 다 들어 있었다. 그 한 마디는 다른 어떤 말보다 더 위력이 있었다. 내 마음도 그녀에게 기울었다. 그 후 그녀를 몇 번 만났지만 인연이 거기까지였던지 더 이상의 만남은 이루어지지 않았다.

한 마디의 말이 사람의 마음을 움직이게 하기도 하지만 상처를 주기도 한다. 지난 시간을 돌아보니 타인보다 아는 사람에게 상처를 더 많이 주었던 것 같다. 나도 모르게 상처를 준 적도 있었지만 그 보다는 나 자신을 다스리지 못하여 그렇게 한 적이 더 많았다. 누군가에게 꽃이 되고 향기가 되고 싶다. 다시 돌아갈 수 있다면 놀이터에서 정신없이 뛰어노는 어린이가 되고 싶다.

늙어가는 것을 막을 수는 없지만 아이 같은 어른이 될 수는 있다. 세상의 이치를 다 알고도 순수한 존재가 되는 것은 저절로 되지 않는다.

나의 영혼에 매일 물을 주어야 한다. 내가 먼저 꽃이 되어야 타인에게 향기를 줄 수 있다. 사랑받기보다 더 많이 사랑하기를, 받는 것보다 더 많이 주는 사람이 되자. 나의 혀가 칼이 아니라 꽃이 되게 하자. 다른 사람의 영혼의 비타민이 되게 하자.

얼굴에 주름이 생기는 것은 막을 수 없지만 말을 예쁘게 하는 것은 노력하면 될 일이다. 세상을 바꾸고 싶다면 나를 바꾸고 나를 바꾸고 싶다면 나의 언어를 바꿔라.

"삶이 즐겁다면 죽음도 그러해야 한다.
그것은 같은 주인의 손에서 나오기 때문이다."

-미켈란젤로

PART 4

성찰

*
*
*
*
*
*

성찰은 삶을 깊이 보는 것이다.

삶은 고통을 통하여 단단해지고

성찰을 통하여 깊어진다.

일상은 작은 기적들로 가득 차있는데

자신을 잃어버리거나 마음이 닫힌 나머지

그것을 보지 못한다.

성찰은 자신과의 대화를 통하여

잃어버린 자신을 찾는 것이다.

책이 사람을 만든다

"사람은 책을 만들고 책은 사람을 만든다"는 말이 있다. 모든 사람이 책을 만들 수 없듯이 모든 책이 사람을 만들 수는 없다. 하지만 좋은 책은 읽은 사람을 그대로 놓아두지 않는다. 목욕탕에 가기 전과 후의 얼굴이 다르듯이 책을 읽기 전과 후의 영혼은 다르다. 사람은 잘 바뀌지 않지만 사람을 바꿀 수 있는 것이 책이다. 바뀔 준비가 되어 있는 사람이 좋은 책을 만나면 용이 구름을 만난 것처럼 높이 올라간다.

지금까지 많은 책을 읽었지만 기억에 남는 책은 학창시절에 읽은 책이다.

고1 가을에는 문학서적만 20권 정도 읽었다. 시험기간을 제외하고 하루에 두 시간은 책을 읽었다. 그때 읽은 책은《주홍글씨》《지와 사랑》《테스》《여자의 일생》《수레바퀴 밑에서》

《좁은 문》《노인과 바다》《어린왕자》《달과 6펜스》와 같은 책이었다.

한번은 미술시간에 그림을 대충 그려놓고 책상 밑에서 책을 몰래 읽다가 선생님께 들켰다. 선생님은 책을 빼앗아 보시더니 "책은 좋은 책인데 수업시간에 보면 안 된다"는 말씀만 하시고 더 이상 꾸중하지 않으셨다. 그때 내가 읽은 책이 헤르만 헤세가 쓴《지와 사랑》이라는 책이었다. 만약 내가 읽은 책이 빨간 책이었다면 꾸중을 많이 들었을 것이다. 그후 수업시간에는 읽지 않았지만 2학년 올라갈 때까지 많이 보았다. 그때 읽은 책이 지금도 가슴에 많이 남아 있다.

나를 더욱 책에 빠지게 한 책이 있었다. 권일송 작가가 쓴《이 성숙한 밤을 위하여》라는 책이다. 군대에서 첫 휴가를 나오면서 산 이 한 권의 책을 시작으로, 나는 책을 보면서 밑줄을 긋는 습관이 생겼다.

책 속에서 좋은 문장을 만나면 낚시꾼이 큰 물고기를 낚은 듯 온몸에서 전율을 느꼈다.

"악마와 천사가 사는 거실의 벽은 백지 한 장 차이에 불과하다."

이것이 내가 노트에 적은 첫 번째 문장이다. 일기장에 써둔 적은 많지만 독서노트를 따로 만들어서 적은 건 처음이었다. 놓치면 다시는 보지 못할 것 같아 마음에 와닿는 문장에 줄을 치고 노트에 옮겨 적기 시작했다. 그 문장을 시작으로 나의 노트에는 좋은 문장들이 쌓이기 시작했다.

"세상에 자살자는 없다. 다만 사회적 타살자가 있을 뿐이다."

"인간의 위선을 나무랄 것은 없다. 어쩌면 위선은 하나의 필요악인지도 모를 테니까."

"인생은 실상은 잔재미로 산다. 그것이 우리들 인생이 목마르게 추구하는 행복의 조건임을 깨닫게 되기까지에는 역설적이게도 그 얼마나 많은 세월이 흘러야만 하는 것이던가."

"좀 더 인생을 깊이 살려고 맘먹는 사람에게 있어 고독은 늘 자신을 깨어있게 한다."

이런 글들이 나의 영혼을 적셔주었다.

독서는 좋은 문장을 얻는 것이다. 노트에 적은 글들은 내가 흔들릴 때 잡아주는 힘이 되었다. 좋은 문장의 힘을 알게 되면서 점점 나는 책에 빠져들게 되었다.

그 후부터 책을 고를 때 밑줄을 그을 곳이 많은 책을 사게 되었다. 그러다 보니 자연히 소설책은 사지 않게 되었다. 소설은 책의 분량에 비해 밑줄을 그을 곳이 별로 없기 때문이다. 내 책은 마음대로 밑줄을 그을 수 있어 굳이 노트에 적을 필요가 없지만 도서관에서 빌린 책은 좋은 문장을 노트에 적어야 했다. 그렇게 적은 노트가 30권이 넘는다. 마음이 흔들리거나 어떻게 살아야 할지 모를 때는 노트를 읽으면서 길을 찾았다. 그것이 나중에 책을 쓰는 데도 도움이 되었다.

책을 선정할 때 잘 골라야 한다. 뷔페에서 식사를 할 때 아무거나 먹다 보면 정말 맛있는 음식을 못 먹게 되듯이 아무 책이나 읽다 보면 정말 좋은 책을 읽을 시간이 부족해진다.

과거에는 책을 빌려보지 않고 전부 사서 보았는데 그러다 보니 집에 책이 넘쳐나서 더 이상 보관할 곳이 없게 되었다. 그래서 반 정도는 빌려보고, 두 번 이상 읽을 가치가 있는 책은 사서 보기로 했다. 불어난 책만큼은 솎아내야 한다. 가벼운 책들은 버려지고 고전이나 깐깐한 책만 남았다. 저자의 사인을 받은 책은 당연히 영구보관이다.

젊은 시절에는 자기계발 분야의 책을 많이 보았지만 조금씩 인문학 분야로 바꾸었다. 300권의 문학책과 200권의 역사책 그리고 100권의 철학책을 가슴에 품고 있는 사람은 세상에 흔들리지 않고 살아갈 수 있다.

어떻게 살아야 할지 모를 때는 철학책을 먼저 읽는 것이 좋다. 서양철학보다는 동양철학이 삶의 지혜를 배우는 데 도움이 된다. 하버드대 학생들이 가장 많이 읽는 책이《노자》라고 하니 동양철학의 가치를 그들이 먼저 인정한 셈이다. 그 다음에는 스피노자, 쇼펜하우어, 니체와 같은 철학자의 책을 읽으면 기본적인 것은 갖출 수 있다.

살아가는 데는 나의 철학이 필요하다. 음식이 내 몸을 만들고, 책이 내 정신을 만든다. 책은 시간이 날 때 읽는 취미활동이 아니라 실존과 생존을 위해 치열하게 읽어야 한다.

책 사는 데 돈을 아끼지 마라. 가치에 비해 가장 싼 것이 바로 책이다.

책을 읽으면서 공감하는 부분은 줄을 치면서 읽어라. 결국 줄을 많이 칠 수 있는 책이 좋은 책이다. 나중에 밑줄 친 부분만 읽어봐도 전체의 내용을 알 수 있다.

책을 많이 읽는 것도 중요하지만 좋은 책을 여러 번 읽는 것이 더 중요하다. 좋은 책을 고르는 눈을 기르려면 많은 책을 읽어봐야 한다. 사람도 여러 사람을 만나면서 사람 보는 눈이 길러지는 것과 같다. 열 번 가까이 읽은 책도 있다. 나는 책을 다 읽고 마지막 장에 읽은 날짜를 쓰는 버릇이 있기 때문에 언제 읽었는지 알 수가 있다. 같은 책을 시차를 두고 읽으면 그때는 느끼지 못한 것을 느낄 수가 있고, 그 책의 내용이 나의 생각으로 바뀌고 나의 생각이 행동으로 나오는 것을 느낀다.

글을 쓴다는 것

글쓰기의 시작은 책을 읽는 데서 출발한다. 읽지 않으면 쓸 소재가 없다. 들어가는 것이 있어야 나오는 게 있다. 그 다음에는 사색이다. 사색은 내 안에 있는 겉절이를 잘 숙성된 김치로 바꾸는 것이다. 그런 과정을 거쳐 세상에 내놓을 만한 나만의 가치 있는 것을 잘 정리하면 책이 된다.

나의 본격적인 책읽기는 잘 나가는 회사를 제 발로 걸어 나오면서부터 시작되었다. 세상에서 내가 알고 있는 수준으로는 될 수 있는 게 아무 것도 없다는 것을 몇 번의 실패를 통해서 느꼈다. 책에서 길을 찾기로 하고 전투적으로 읽기 시작했다. 4년간 400권정도 읽고 나니 세상을 보는 눈이 생겼다. 나의 지혜를 다른 사람에게도 알리고 싶은 욕심이 생겼다. 그러나 감히 책을 쓸 용기가 없었다. 내 주변에서 책을 쓴 사람이 아무도 없었기 때문이다.

나의 욕망에 불을 붙여준 사건이 있었다. 그것은 2002년 월드 컵이다. 우리나라 대표팀이 월드컵 4강 신화를 만드는 것을 보고 나도 나의 신화를 만들고 싶었다. 그래서 용기를 내어 책을 쓰기 시작해서 8개월 후 첫 책이 세상에 나오게 되었다.

출판사에서 책을 받는 순간 심장이 멎는 것 같았다. 땅 속의 보물을 캐는 심정으로 박스를 뜯고 책을 잡는 순간 영화 〈벤허〉가 생각났다. 인류 영화사상 최고의 영화를 꼽으라고 말한다면 〈벤허〉를 들 것이다. 1959년에 만들어진 이 영화는 아카데미 시상식에서 11개 부문을 수상했다. 앞으로도 그렇게 감동적이며 스펙터클한 영화는 만들 수 없을 것이다. 찰톤 헤스톤의 연기 또한 일품이었다. 최고 압권은 전차경주 장면이었다. 이 영화를 만든 윌리엄 와일러 감독은 아카데미 시상식에서 "오, 신이시여! 과연 제가 이 영화를 만들었습니까?" 라고 말했다.

나도 누군가를 향해 그런 말을 하고 싶었다.

"오, 신이시여! 과연 이 책을 제가 썼습니까?"

어제보다 나은 삶을 살아가려면 끊임없이 배우고 자신을 가꾸어 나가야 한다. 내가 책을 쓰는 것은 삶에 도움이 되는 진짜 공부를 하기 위한 수단이다. 삶의 지혜를 책을 통해서 다른 사람에게 전해줄 때는 두려움도 느끼지만 나의 책에서 삶의 지혜를 찾는 사람을 보면서 기쁨과 용기를 얻는다.

책의 내용도 중요하지만 작가는 심혈을 기울여 만든 책이 독자의 반응이 별로 없을 경우 실망도 한다. 그럴 때에는 고흐를 생각하며 힘을 얻는다.

고흐는 평생 가난에 시달리면서도 자신의 길을 포기하지 않은 진정한 예술가였다. 그는 생활이 아무리 어려워도 팔기 위한 그림은 절대 그리지 않았다. 그는 영혼을 사랑할 줄 아는 사람이었고 자신에 대한 믿음이 있는 사람이었다.

살아 있을 때는 그림을 한 점밖에 팔지 못하고 평생 가난에 시달렸지만 예술에 대한 열정과 자신에 대한 믿음은 조금도 흔들리지 않았다.

나는 그를 통해서 위대한 영혼은 언제나 충족되지 않는 현실 속에서 만들어진다는 것과 사람을 성장시키는 것은 고통과 고독이라는 것을 배웠다. 애벌레가 어둡고 힘든 시간을 보낸 후 고치를 뚫고 나비가 되듯이 사람도 그런 과정을 통해서 정신적으로 성장하는 것이다.

작가의 정신이란 다름 아닌 글쓰기의 고통을 견뎌내는 것, 고

통 속에서도 쓰기에 대한 열정과 희망을 버리지 않는 것이다. "절망으로 쓰고 희망으로 고쳐라"는 말처럼 쓸 때는 두려움과 절망감을 극복하고 희망을 향해 열정을 태워야 끝까지 쓸 수 있다.

다른 사람이 나를 몰라주는 것과 비판하는 것을 두려워하지 않고 꾸준히 공부하면 나의 글을 쓸 수 있다. 내가 감동하는 글을 쓰면 그 글에 감동하는 사람들은 분명히 있다. 세상에는 어디에든 눈 밝은 사람이 있기 마련이다.

칼이 잘 들지 않으면 갈아야 하듯이 글이 잘 써지지 않을 때는 책을 읽어야 한다. 읽는 시간이 쓰는 시간보다 더 많아야 좋은 글이 나온다. 권투선수가 링 위에 있는 시간보다 줄넘기나 달리기하는 시간이 더 많은 것과 같다.

글을 쓴다는 것은 내가 잘 알고 있는 것을 쓰는 것이지만 알고 싶은 것과 알아야 하는 것을 공부하면서 쓰는 것이기도 하다. 축구선수가 드리블을 할 때 자신이 가고 싶은 곳, 가야 하는 곳으로 공을 찬 후 전력질주하는 것과 마찬가지다. 뛰어갈 때는 전속력으로 달려야 하듯이 내가 알아야 할 것은 온몸으로 배우고 쏟아내야 한다.

책을 쓰는 것이 이렇게 어려운 일이지만 내가 책을 쓰는 이유는 첫째, 배우고 공부를 하기 위해서다.

공부를 하는 것은 세상과 인간에 대한 인식을 넓히는 것이다.

매일 공부하여 세상과 사람을 바르게 보고 조화를 이루며 사는

것이 잘 사는 길이다.

둘째, 다른 사람들에게 긍정적인 영향을 주기 위해서다.

아무리 좋은 것도 나 혼자만 가지고 있으면 소용이 없다. 작곡

가는 자신의 곡이 연주되어야 하고, 화가의 그림은 어딘가에

전시되어야 하고, 작가의 글은 책으로 읽혀야 한다.

셋째, 나답게 살기 위해서다.

다른 사람의 좋은 점은 배우지만 무작정 따라하지 않는다. 다

른 사람의 생각은 존중하지만 최종 선택은 내가 한다. 나답게

사는 법을 알고 다른 사람에게도 자기답게 사는 법을 알려주고

싶기 때문이다.

하나의 작품을 탄생시키기 까지는 고통이 필수적으로 따른다.

나의 글은 나의 인격이다. 자신이 그런 사람이 되지 못하고 글

을 쓴다는 것은 위선이다.

저자가 가장 두려워하는 일은 책을 잘 못 쓴다는 것이 아니라 자신의 행동이 책과 다르다는 평가를 받는 일이다.

책을 잘 쓰고 못 쓰고는 능력의 문제지만 책과 행동이 다른 것은 인격의 문제이다.

책에서는 온갖 좋은 말을 다 써놓고 행동은 그렇지 못하다는 말을 들을 때 가장 마음이 아프다. 작가는 자신이 한 말에 책임을 질 수 있어야 한다. 니체가 사랑받는 이유는 삶이 사상이며 사상이 삶이었기 때문이다.

내가《결혼 후 10년》이란 책을 쓰고 나서였다. 책은 부부가 서로 사랑하며 지켜야 할 일 12가지를 담았다.

한 친구가 나에게 물었다.

"자네는 그 책에 있는 대로 다 하고 있나?"

나는 거짓말을 할 수는 없었다.

"책대로 다 하면 사람이 아니다. 그러나 책에 있는 대로 하려고 노력한다."

이 정도는 집에서 일어난 일에 비하면 아무 것도 아니었다.

두려워하는 일은 언젠가는 일어나기 마련이다.

큰 딸이 고등학교에 다닐 때의 일이다. 거실에서 딸에게 무슨

일 때문에 좀 심하게 꾸중을 했다. 그러자 딸은 "아빠가 책 쓴 사람 맞아요?"라고 말하며 방으로 휙 들어갔다.

이 한마디에 모든 것이 들어 있었다. 순간 '드디어 올 것이 왔구나!'라는 생각이 들었다. 나는 곧바로 따라 들어갔다. 딸도 피하지 않았다. 두 사람의 눈이 마주쳤다. 분노의 얼굴이었다. 딸의 말보다 얼굴이 더 무서웠다. '지금 여기서 더 이상 이야기하면 안 되겠다' 하는 생각이 들었다. 나는 "내일 이야기하자"는 말만 남기고 방을 나왔다. '딸에게 이런 말을 들으려고 책을 썼나?' 하는 생각에 잠도 오지 않았다.

다음 날 아침, 딸은 사과했다. 나는 더 이상 말하지 않았다. 딸에게도 문제가 있었지만 나에게도 문제가 있었다고 생각했다. 나도 그 일로 인해 많이 깊어졌다.

내가 한 말에 책임을 져야 하듯이 내가 쓴 글에는 책임이 따른다. 말은 사라지고 없지만 글은 활자로 남아 있기 때문에 책임이 더욱 크다.

내가 글을 쓰는 이유는 날마다 공부하여 세상을 바로 보고 어제보다 더 깊은 사람이 되어 생각대로 행동해도 도리에서 벗어나지 않는 사람이 되기 위함이다. 그 다음에는 다른 사람들에게 삶의 지혜를 조금이라도 나눠주기 위해서다.

질문에 대하여

소크라테스가 독배를 마시고 죽은 것은 젊은이들에게 질문하라고 가르쳐주었기 때문이다. 그만큼 질문의 힘이 크다는 것을 당시의 권력자들은 알고 있었다.

삶은 수없이 우리에게 다가오는 문제에 대한 답을 구하는 과정이다.

우리는 정답이 있는 문제에 대한 답을 푸는 데는 익숙하지만 답이 없거나 답이 여러 개가 있는 문제를 풀어나가는 데에는 익숙하지 못하다. 더구나 스스로 문제를 발견하여 질문하는 데는 더욱 서툴다.

우리나라 사람들은 대답은 잘 하는데 좀처럼 질문은 하지 않는다. 질문의 기회가 잘 주어지지도 않지만 주어진다고 해도 마찬가지다. 대답하는 것보다 질문하는 것이 더 어렵기 때문이다.

그러면 왜 질문을 잘 하지 않는 것일까? 문제의식이 없기 때문이다. 문제의식은 다른 사람들과 다른 관점에서 보고 생각할 때 나온다. 질문을 하는 사람은 많은 사람들이 가는 길을 가지 않고 다른 길을 찾는 것이다. 만들어진 길을 가는 것은 쉽지만 없던 길을 만드는 것은 어렵다. 질문은 아무나 하는 것이 아니다. 문제의식이 있는 사람만이 질문을 할 수가 있다.

대답하는 것이 성(城)을 지키는 것이라면 질문하는 것은 성을 공격하는 것이다. 성을 공격하는 것은 지키는 것보다 세 배의 군사력이 있어야 하는 것처럼 질문을 하는 사람은 기존의 한계를 넘어서는 정도의 수준이 되어야 질문을 할 수 있다.

대화를 이끄는 사람은 질문하는 사람이다. 신하는 왕에게 질문하지 않는다. 질문하는 사람은 항상 왕이다. 명령하는 사람이 복종하는 사람보다 더 많이 생각해야 하듯이 질문하는 사람은 대답하는 사람보다 더 깊어야 한다.

질문에는 어떤 것이 있을까? 세 가지를 들 수 있다. 모르는 것을 묻는 질문과 상대가 하고 싶어 하는 말을 끄집어내기 위한 질문 그리고 나 자신에게 하는 질문이 그것이다.

첫째, 내가 모르는 것을 묻는 질문이다.

가장 흔한 질문이며 누구나 다 할 수 있는 질문인데 이것조차 잘 안 되는 사람이 많다. 묻는 것을 부끄럽게 생각하기 때문이다. 자존감이 약한 사람들이다. 질문에는 좋고 나쁨이 없다. 모르는 것이 문제가 아니라 모르는 걸 묻지 않는 것이 문제다.

사람들은 자신에게 물어오는 것을 더 좋아한다. 전문가는 타인이 물어오기를 기다리고 있다. 언제든지 문을 열어줄 준비가 되어 있는 사람이라도 두드리지 않으면 열어주지 않는다. 대답할 준비가 되어 있는 사람에게 질문을 하면 기대 이상의 답을 얻을 수 있다.

둘째, 상대가 말하고 싶어 하는 것을 묻는 것이다.

이것은 상대의 마음을 열어 관계를 좋게 한다. 말을 하고 싶지만 분위기가 되지 않아 못하고 있는 사람에게 질문을 하면 상대는 물 만난 고기가 된다.

질문을 할 때는 나의 관심사가 아닌 상대의 자존감을 더해줄 것에 대해 묻는 것이 좋다. 사진을 좋아하는 사람에게는 사진을, 책을 쓰는 사람에게는 책에 대하여, 여행을 좋아하는 사람에게는 여행에 대해 물으면 금방 환한 얼굴로 대답할 것이다. 그는 자신이 좋아하는 것을 말할 수 있게 한 당신에게 고마움을 느낄 것이다.

셋째, 나에게 하는 질문이다.

이것이 정말 중요한 질문이다. 우리는 의식을 하든 못하든 하루에도 수많은 질문을 스스로에게 하고 있다. 나는 누구인가, 나는 나답게 살고 있는가, 인생의 의미는 무엇인가와 같은 실존에 관한 질문부터, 나는 얼마나 많은 돈이 필요한가, 내가 갖고 싶은 것은 무엇인가와 같은 소유에 대한 질문 그리고 가족이나 공동체에 관한 관계의 질문을 매일 하고 있다. 우리의 삶은 그런 질문을 통해 길을 찾을 수 있고 삶이 깊어진다.

나의 삶을 바꾸기 위해서는 스스로에게 질문을 해야 한다. 그것을 통해 나의 길을 찾게 되고, 욕망과 현실 사이에서 중용의 길을 걸을 수 있다.

싯다르타는 "인간은 왜 생로병사를 겪어야 하는가?" 라는 질문으로 6년간 고행 끝에 부처가 되었다. 나를 나답게 만들어줄 질문은 무엇인가. 그런 질문을 찾아야 한다. 자신에게 질문을 하지 못한다는 것은 욕망이 없다는 뜻이기도 하다. 질문을 가지고 있는 사람은 이미 답을 가지고 있다. 고수들은 상대의 질문에 바로 대답하지 않고 다시 자신의 질문을 던진다. 그것은 상대의 내면에 있는 답을 찾기 위한 마중물이다.

인생은 내가 질문하고 내가 답하는 과정이다. 매일 자신의 질문에 답을 찾다 보면 언젠가 자신이 그런 사람이 되어 있을 것이다.

"너 자신을 알라" 는 말은 소크라테스 이전부터 델포이의 신전 기둥에 쓰여져 있던 것이라고 한다. 자신을 더욱 깊게 하기 위해 다음 3가지 질문을 스스로에게 해보라.

첫째, 나의 한계는 어디까지인가?

나의 한계를 아는 것은 어려운 일이다. 한계를 너무 작게 잡아 더 큰 기회를 놓치는가 하면, 너무 크게 잡아 낭패를 보는 사람

도 있다. 자신의 한계를 아는 것은 자신의 운명을 아는 것과 같
다. 고무줄은 무한히 늘어나는 것이 아니다. 한계를 벗어나면
끊어지고 만다. 고무줄이 끊어지는 게 두려워 당겨보지도 않는
다면 축 늘어지고 말 것이다. 끊어짐과 처짐 사이의 적당한 위
치를 아는 것이 자신의 한계를 아는 것이다.

둘째, 나는 지금 어디에 있는가?
여기서는 공간이 아니라 관계 속의 내 위치를 말한다.
나의 위치를 아는 것은 내가 해야 할 일을 아는 것이다. 사람이
자신의 본분을 망각하고 살 때 본인은 물론 타인도 불행해진다.
이 세상에 존재하는 것은 쓰임이 있다. 자신의 위치를 아는 사람
은 그 쓰임을 아는 사람이다. 쓰임은 하나만 있는 게 아니다. 쓰
임이 큰 위치에 있는 사람이 제 역할을 하지 못하거나 그런 위치
에 있지 않은 사람이 쓰임을 벗어난 행동을 하는 것은 다 자신의
위치를 모르기 때문이다. 가래가 호미의 일을 해서도 안 되며 호
미가 가래의 역할을 하려고 해서도 안 된다.

셋째, 나의 시간은 지금 어느 때인가?
모든 것은 때(時)가 있다. 나의 시간을 아는 것이 중요하다. 꽃

이 필 때가 있고 질 때가 있다. 나아가야 할 때가 있고 물러설 때가 있다. 진퇴양난에 빠져 있을 때는 자신의 시간을 모를 때다. 그때가 가장 힘들다.

자신의 시간을 아는 사람은 현재를 열심히 살아가는 사람이다. 남은 시간이 얼마인지는 아무도 모른다. 중요한 것은 지금 나에게 주어진 시간을 잘 사는 것이다. 언제일지는 모르지만 타임아웃 휘슬이 울리면 미련 없이 떠나는 것이다.

우리가 때를 마음대로 조절할 수는 없지만 때에 맞게 나를 조절할 수는 있다. 파도가 거칠 때는 배를 안전한 항구에 정박시켜 닻을 내리고, 파도가 잠잠해지면 돛을 올려 항해를 해야 한다.

삶에서 결정적인 순간이 오지 않는다고 슬퍼하지 마라. 결정적인 순간은 언제나 올 수 있다. 한번도 일어나지 않던 일이 내일 당장 일어날 수도 있다. 당신도 봄비를 만나 아름다운 꽃을 피울 수 있고, 배를 띄워 먼 바다로 나갈 수 있다. 그렇게 하기 위해서는 때가 왔을 때 그것을 볼 수 있는 지혜와 잡을 수 있는 용기 그리고 준비된 배가 있어야 한다. 아직 때가 오지 않았다고 생각되면 힘들더라도 때가 올 때까지 기다려야 한다. 우리가 기다리는 그 때는 요란하게 오지 않고 조용히 다가오기 때문이다.

배움의 4단계

세상은 아는 만큼 보인다. 공부를 하는 것은 세상을 잘 보기 위함이다. 우리가 세상을 다 알고 살 수는 없지만 선인들의 지혜를 배움으로써 더 잘 살아갈 수 있다.

사람이 크게 달라지는 경우가 두 가지 있다. 하나는 자신의 죽음이 임박했을 때이며, 또 하나는 큰 좌절을 겪었을 때다. 둘 다 엄청난 고통을 수반한다. 다시 말하면 사람은 고통 속에서 성장하는 것이다. 고통에서 벗어나려면 상황을 바꾸든지 생각을 바꿔야 한다. 생각을 바꾸는 것이 진짜 공부다.

감당하기 어려운 문제에 직면하면 지금까지의 사고와 다르게 생각하게 된다. 아인슈타인이 말한 것처럼 문제를 야기했을 때의 사고 수준으로는 절대 문제를 해결할 수 없다. 내가 부족하다는 것을 알게 되면서 공부는 시작된다. 잘 나갈 때는 자만에 빠져 느끼지 못하다가 고통을 받을 때 비로소 내가 부족하다는 것을 알게 된다.

삶의 힘은 경험에서 나온다. 우리가 할 수 있는 경험은 한계가 있다. 간접경험을 통해 배워야 한다.

현대는 지식은 넘쳐나지만 지혜가 부족하다. 현대인들이 겪는 마음의 병은 삶의 지혜가 부족하기 때문에 생겨난다. 지혜는 스펙과 관계가 없다. 삶에 관한 것들은 학교에서 가르쳐주지 않는다. 스스로 공부를 해야 한다. 지혜는 가르쳐줄 수는 없지만 스스로 배울 수는 있다. 지혜롭게 살아가기 위한 공부를 어떻게 해야 할 것인가?

첫 번째가 독서다.

공부를 하는 가장 쉬운 방법은 책을 통해서 배우는 것이다. 책보다 더 쉬운 방법은 사람한테서 배우는 것인데 스승이 될 만한 사람을 찾는 게 쉽지 않을 뿐만 아니라 찾는다고 해도 언제 어디서나 배울 수 있는 게 아니다. 책은 쉽게 구할 수 있고 원하면 언제든지 펼칠 수 있다. 큰 배를 띄우기 위해서는 물이 많아야 하고 큰 집을 짓기 위해서는 벽돌이 많아야 하듯이 큰 공부를 위해서는 많은 책을 읽어야 한다.

나를 만든 것의 5할은 책이다. 마음에 끌리는 저자가 있으면 그가 쓴 책을 다 읽는다. 중학교 시절 이소룡의 《정무문》을 보고 나서 이소룡 영화를 다 보게 된 것과 같다. 초등학교 때는 왕우가 나오는 외팔이 시리즈를 다 보았다. 저자의 책을 섭렵하면 그 사람은 나의 멘토가 된다. 이렇게 해서 자신의 영역을 넓혀가는 것이 공부의 시작이다.

"독서는 앉아서 하는 여행이고, 여행은 서서 하는 독서"라는 말이 있다. 집에서 조용히 독서를 하는 것도 좋고, 배낭을 메고 여행을 하는 것도 좋다. 가방에 책이 없으면 아무리 짐이 많아도 너무 가볍게 느껴진다.

여행이 사람을 성숙하게 만들지만 성숙한 사람이 여행을 통해 더욱 성숙해진다. 지혜로운 사람이 책을 찾지만 책을 통해서 더욱 지혜로워지는 것과 같다. 그래서 지혜로운 사람은 더욱 지혜로워지고 아둔한 사람은 자신의 한계에 갇혀 더욱 좁아진다.

사람은 공부를 통해서만 자신의 그릇의 크기와 깊이를 바꿀 수 있다. 공부의 핵심은 스스로 판단하고 문제를 해결하는 데 있다. 책에는 인간이 생각하고 경험할 수 있는 모든 문제가 있고 해결책이 있다.

두 번째는 성찰이다.

성찰은 자신을 깊이 보는 것이다. 몸의 감각기관은 외부로 향해 있기 때문에 자신의 내부는 보지 못한다. 우물에 두레박을 내려 퍼 올리지 않으면 물을 길을 수 없듯이 우리가 내면으로 들어가지 않으면 자신 속에 있는 것을 보지 못한다.

독서는 성찰을 병행할 때 효과가 있다. 독서 없는 성찰은 한계가 있고, 성찰 없는 독서는 깊이가 없다. 독서가 식사라면 성찰은 먹은 것을 소화시켜 나의 피와 살로 만드는 것이다.

읽은 책을 금방 책장에 꽂지 않고 책상 위에 두면서 줄 친 부분을 다시 한 번 읽어보고 가슴에서 느껴야 내 것이 된다. 읽은 책에 대해 무조건 받아들이는 것이 아니라 느낀 점을 나의 내면에서 다시 한 번 걸러내는 작업이 필요하다. 독서의 진정한 의미는 책을 통해 내 삶을 구체적으로 재구성하는 데 있다. 성찰이 그런 역할을 한다.

세 번째는 쓰기다.

쓰는 것은 독서와 성찰을 재료로 하여 내 생각을 확실하게 하는 것이다. 재료가 적으면 요리를 제대로 할 수 없는 것처럼 독서와 성찰 없이 쓰는 것은 불가능하다.

"가슴 속에 만 권의 책이 들어 있어야 그것이 흘러넘쳐서 그림과 글씨가 된다"고 말한 추사 김정희의 말처럼 쓴다는 것은 문장력이 좋다고 해서만 되는 것은 아니다. 하고 싶은 말이 가슴에 넘쳐야 쓸 수 있다. 쓰는 기능은 그 다음이다. 솥이 끓어 넘치려면 먼저 내용물이 있어야 하고 그 다음에는 불을 때주어야 하듯이 말이 가슴에 넘치기 위해서는 많은 독서와 성찰이 있어야 한다. 쓴다는 것은 생각을 분명하게 하는 것이다. 생각은 막연하게 할 수 있지만 막연하게 생각하면 글을 쓸 수가 없다. 막연한 생각도 글쓰기 작업을 통해서 분명해진다. 그 과정에 수반되는 것이 고통이다. 그러나 즐거운 고통이다.

마지막에는 행동이다.

마지막 단계는 행동으로 옮기는 것이다. 머리와 가슴에 있는 것은 진정한 앎이 아니다. 공부란 생각의 지평을 바꿔주고 행동을 바꿔주어야 한다.

도를 아는 것과 실천하는 것은 큰 차이가 있다. 소크라테스, 공자, 석가, 예수와 같은 성인들은 도를 알고만 있었던 사람이 아니라 그것을 실천한 사람이다. 그래서 성인이라 부른다.

성찰이 머릿속에 있는 것을 가슴으로 보내는 것이라면 행동은 가슴 속에 있는 것을 발로 내보내는 것이다. 이론과 실천은 항상 함께 가야 한다. 공부는 많이 하는데 삶이 바뀌지 않는 사람은 배운 것이 가슴이나 발까지 내려오지 않고 머릿속에만 있기 때문이다.

성철 스님을 비롯한 선각자들이 "책을 너무 많이 읽지 마라" 라고 한 것은 책의 효용을 무시하는 말이 아니라 실천이 따라가지 않고 책만 읽는 데에 대한 질타라고 봐야 한다. 책 속에서 배운 것을 가슴으로 느끼고 다시 삶 속에서 실천하면서 내가 바뀌는 것이다.

이론만 있고 실천이 없으면 따분하고, 실천만 강조하고 이론을 무시하면 위험하다.

공부의 궁극적인 목적은 행동을 통해서 삶을 바꾸는 것이다. 앎이 삶으로 구현되지 않으면 옳은 공부가 아니다. 아는 것도 어렵지만 실천하는 것은 더 어렵다. 내가 행할 수 없으면 말을 할 수도 없다. 몰라서 못하는 것은 어리석은 것이고 알고도 하지 않는 것은 나쁜 것이다. 아는 것은 많으나 실천이 따라주지 않는 사람은 머리보다 발을 더 많이 움직여야 한다. 공부를 하는 사람은 '지행합일(知行合一)'을 최고의 목표로 두어야 한다. 내가 쓴 대로 행동을 할 수는 없지만 그렇게 하려고 노력하는 가운데 나 자신이 성장한다.

세상에서 가장 어려운 일

호랑이 사육사가 호랑이로부터 자신을 지킬 수 있는 건 호랑이의 야성을 건드리지 않고 욕구를 잘 충족시켜주기 때문이다. 드물지만 호랑이가 사육사를 해치는 경우가 있는데 이것은 사육사가 호랑이의 본성을 거슬렀기 때문이다. 사람도 마찬가지다. 본성을 건드리면 평소에 얌전하던 사람도 성난 호랑이가 된다.

"세상에서 가장 어려운 일은 사람의 마음을 얻는 일이다."

어린왕자에 나오는 말이다. 마음을 얻는 일은 상대의 본성, 즉 마음을 알고 욕구를 충족시켜 주는 것이다.

무엇을 얻으려면 그것에 대해 알아야 한다. 사람의 마음을 얻으려면 사람의 본성과 감정에 대해 깊이 알아야 한다. 인간은 이성적이기도 하지만 행동은 감정에 의해 좌우되는 경우가 많다. 그러면 우리가 알아야 할 인간의 본성에 대하여 알아보자.

첫째, 이기심이다.

모든 사람은 이기심을 가지고 있다. 인간의 이기심은 생명체로서 살아가려는 의지이지, 나쁜 게 아니다. 자신에게 이기심이 있다는 것을 인정하지 못하는 사람이 가장 이기적인 사람이다. 자기의 이기심을 숨기고 이타적으로 보이려고 하니 얼마나 힘이 들겠는가. 인간관계가 어렵고 복잡하게 꼬이는 것도 바로 이 때문이다. 우리는 이기심을 가진 사람들과 함께 살아가는 또 하나의 이기적인 사람이다. 모든 사람들이 이기적이라는 사실을 인정하기만 해도 세상살이가 쉬워진다.

조금 편하게 살려면 상대의 이기심을 채워주는 일을 해야 한다. 그러면 나는 배부른 사자가 낮잠을 잘 때 한가롭게 풀을 뜯는 얼룩말처럼 그만큼 편해질 수 있다. 내가 조금만 이타적으로 살면 상대의 마음을 얻을 수 있는데 사람들이 이런 지혜를 모르고 거꾸로 하고 있으니 그만큼 삶이 힘든 것이다.

둘째, 질투심이다.

이것 역시 인간의 기본적인 속성으로, 나쁜 것이 아니다. 질투를 나쁘게 보는 것은 인간의 본성을 거스르는 것이다. 질투가 나쁜 게 아니라 자신의 질투심을 다루는 행동이 나쁜 것이다.

질투는 원래 가깝고 친한 사람에게서 나타나는 감정이지, 모르는 사람이나 먼 사람에게는 나타나지 않는다. 친구가 나에게 질투를 느낀다고 해서 그 친구에게 문제가 있는 것이 아니듯이 내가 친구에게 질투를 느낀다고 해서 내가 문제가 있는 사람이 아니다.

질투는 부끄러워할 것이 아니다. 그것은 인간의 근원적인 속성이다. 누구나 가지고 있다. 성인군자라고 해서 예외가 아니다. 질투를 서로 인정해주고 그것으로 인해 상대가 상처를 받지 않도록 최대한 배려해주는 것이 관계를 유지하는 길이다. 질투가 인간의 본성임을 안다면 상대의 질투를 유발하는 행동을 경계하는 것이 중요하다.

질투가 견디기 힘든 것은 숨기려고 하기 때문이다. 질투는 곰팡이와도 같다. 곰팡이는 햇볕을 쬐이면 금방 죽는다. 질투가 질긴 것이 아니다. 밖으로 드러내는 순간 질투는 곰팡이처럼 금방 죽는다.

질투는 억지로 누르고 있는 스프링과 같다. 스프링을 누르고 있을 때는 힘을 쓰지만 놓으면 처음에 한 번 튕겨 올라갈 뿐 그 다음에는 힘을 쓰지 못한다. 질투가 생기면 쌓아두지 말고 겉으로 드러내라. 그 순간 반으로 줄어들 것이다. 나머지 반은 그냥 두면 서서히 없어진다. 질투가 일어나면 "질투가 나서 배가 아파 죽을 지경이다"라고 말해보라. 그런 말을 한다고 해서 사이가 멀어지지 않는다. 그 말은 상대에게 최대의 찬사가 될 수 있으며 그 말을 하는 순간 내 마음 안에 있던 질투는 안개처럼 사라지고 말 것이다.

셋째, 비판이다.

비판으로부터 자유로운 사람과 비판을 받고 흔들리지 않는 사람은 없다. 사람들은 비판받는 일을 두려워한다. 겉으로는 비판을 기탄없이 받아들인다는 사람조차도 비판을 받으면 속이 쓰리다.

어떤 군주도 군자도 비판을 끝까지 너그럽게 받아들인 사람은 없었다. 비판하는 친구가 적보다 더 미울 때가 있다. 머리로 억지로 받아들이려 해도 마음이 허락하지 않는 것이 비판이다.

비판은 어떤 식으로든 있기 마련이다. 사람의 그릇의 크기는 비판을 어떻게 받아들이느냐에 달려 있다고 해도 과언이 아니다. 수많은 사람의 입을 막을 수는 없다. 문제는 사람들의 비판에 어떻게 대처하는가이다. 비판을 피하려고 하면 더 큰 상처를 받을 수 있지만 처음부터 각오하면 예상보다 아프지 않다.

비판을 받는 사람은 그만한 위치에 있는 사람이다. 평범한 사람은 비판받을 일도 없고 비판의 대상이 되지도 않는다. 같은 비판에 상처를 받을 수도 있고 비판을 통하여 더 성장할 수도 있다. 성장하려면 누군가의 진심어린 비판을 받아들일 수 있어야 한다. 그렇다고 나의 진심어린 비판이 상대의 마음을 얻을 수 있다는 말은 아니다. 상대의 마음을 얻고자 한다면 비판보다는 상대의 장점을 찾아 칭찬하는 것이 훨씬 좋다.

포항 근교 한 식물원에 가니 '귀조경'이라는 팻말이 붙어 있었다. 한평생 나무만 길러온 노인이 말하길, 조경 중에 제일은 귀조경이라고 했다 한다.

귀조경이란 눈으로 보는 조경이 아니라 다양한 새들이 찾아들어 여러 가지 새소리를 들을 수 있도록 다양한 나무를 심는 것을 말한다.

키 큰 나무만 심어놓으면 키 큰 나무에만 둥지를 트는 새의 노래를 들을 것이고, 키 작은 나무만 심어놓으면 키 작은 나무에만 날아오는 새의 노래를 들을 것이니 그것은 참된 귀조경이 아니라는 것이다.

우리도 마찬가지다.

내 주변에 다양한 사람들이 모여 다양한 목소리를 내는 것이 좋겠지만 사람들은 자신이 듣고 싶은 목소리만 들으려고 하다 보니 아부하는 사람만 주위에 불러 모으고 바른 소리를 내는 사람은 멀리 한다. 그래서 정작 들어야 할 소리를 듣지 못한다. '귀조경'은 보통 사람에게도 필요하지만 정치하는 사람이나 리더들이 새겨들으면 더 좋겠다.

위대한 순간은 바로 지금

일상은 작은 기적들로 가득 차 있지만 마음이 닫힌 나머지 그
것을 보지 못한다. 마치 하늘의 별만 보고 다니다가 발밑에 있
는 돌부리에 걸려 넘어지는 사람처럼 살아가는 것이다.

누군가가 고흐에게 물었다.
"그림 중에서 어떤 그림이 가장 좋습니까?"
그는 그리고 있던 그림을 가리키며 말했다.
"지금 그리고 있는 이것입니다."

어떤 청년이 비슷한 질문을 했다.
"인생의 절정기가 언제였습니까?"
나는 망설이지 않고 말했다.
"바로 지금입니다."

또 한 여성이 느닷없이 물었다.

"지금 행복하세요?"

나는 잠시 후 말했다.

"네, 지금 행복합니다."

내가 잠시 뜸을 들인 것은 지금 나를 힘들게 하는 문제를 생각했기 때문이다. 그러나 그런 문제들이 나의 행복을 빼앗을 정도는 아니었다.

살면서 문제가 없는 날은 없다. 삶은 문제의 연속이다. 하지만 관점을 바꿔보면 살아가면서 아름답지 않은 날은 하루도 없다. 다만 우리가 보지 못하고 지났을 뿐이다. 앞으로도 그럴 것이다. 중요한 것은 문제가 아니라 그것을 보는 관점이다.

문제가 있더라도 내가 행복하다고 생각하는 게 중요하다. 행복은 상황의 문제가 아니라 선택의 문제다. 바로 생각의 선택이 행복과 불행을 결정한다.

나이를 먹는 일은 슬픈 게 아니다. 나이를 먹으면서 육체는 과거보다 못하지만 지적으로 더욱 성숙해지고 세상을 보는 눈이 더욱 깊어지는 사람은 나이 먹는 것을 슬퍼할 필요가 없다.

행복은 특별한 곳에 있는 게 아니라 일상에 있다. 많이 가진 자의 것이 아니라 많이 느끼는 자의 것이다. 아름다움도 마찬가지다. 아름다운 곳에서 사는 게 중요한 것이 아니라 사소한 곳에서 아름다움을 발견하고 느끼는 것이 중요하다.

〈그레이트 뷰티〉는 2013년에 만들어진 이탈리아 영화다. 주인공 젭은 젊은 시절에 쓴 첫 책이 베스트셀러가 되면서 로마의 사교계를 주름잡으며 호화로운 생활을 시작했다. 하지만 정작 책이 출판된 것은 40년 전의 일이고 현재는 전혀 글을 쓰지 못한다. 그를 만나는 사람들이 "왜 다른 작품을 쓰지 않느냐?"고 물으면 "진정한 아름다움을 아직 찾지 못했다"고 핑계를 대며 무심히 시간을 보낸다. 65회째 생일을 맞은 그는 자신이 평생 즐겨왔던 화려한 파티도, 흥겨운 음악도, 아름다운 여인들도 자신의 삶을 채워주지 못했다는 사실을 문득 깨닫게 된다. 마침 잊고 있었던 첫사랑의 사망 소식이 날아들면서 그는 삶과 죽음에 대해서 생각한다. 그리고 아름다운 것은 소박하고 사소한 일상에 있으며, 아름다움을 잡기 위해서는 용기가 필요하다는 것을 깨닫는다. 그런 깨달음이 있자 그는 첫 책 이후 40년간 쓰지 못한 새로운 책을 머릿속에 구상하며 줄거리를 잡아간다.

우리가 자꾸만 미루는 이유는 언젠가 지금보다 더 나은 기회가 올 거라고 생각하는 것과 지금 이 순간을 잡을 용기가 없기 때문이다. 지금 할 수 있는 일을 왜 미루는가? 사랑한다는 말을 지금 할 수 있는데 특별한 기회를 기다려야 할 필요가 없다. 우리가 어떤 일을 할 수 있는 시간은 '지금' 밖에 없다. 시간은 물처럼 흐르고 사람은 바람처럼 지나간다. 중요한 것은 지금 시작하는 것이다. 머뭇거리면서 망설일 때에는 보이지 않던 것이 시작하면 눈에 보이기 시작한다. 영화 속 주인공 젭도 두 번째 책을 써야겠다고 마음을 먹는 순간 그동안 떠오르지 않던 구상이 떠오르지 않았던가. "아직 때가 아니다"라고 습관적으로 말하는 사람은 언젠가는 "이미 너무 늦었다"라는 말을 하면서 후회를 하게 될지도 모른다. 인생의 위대한 순간은 무지개가 뜬 다음에 오는 것이 아니라 바로 '이 순간'이다.

우리는 어제에 살면서 끊임없이 내일을 꿈꾼다. 불행의 가장 큰 원인 중 하나는 지난 일들을 괴로워하고 미래를 걱정하느라 우리가 지금 이 순간을 살고 있다는 사실을 잊어버리는 데서 생겨난다.

행복의 문은 바로 지금 이 순간에 열린다. 행복은 언제나 '지금 여기'에 있다. 삶과 죽음이 끝없이 교차하는 지금 여기에서 행복의 문이 열린다.

"어제의 비 때문에 오늘도 젖어 있지 말고, 내일의 비 때문에 오늘부터 우산을 펴지 말라"는 말이 있다. 내가 지금까지 살면서 가장 후회되는 것은 '지금 여기'의 삶을 살지 못했다는 것이다. 미래에 일어나지도 않을 일, 일어난다고 하더라도 확률이 희박한 일에 대하여 마치 일어날 것 같은 불안으로 현재의 아름다운 순간을 많이 놓쳤다. 현실이 지루하다고 하여 시간이 빨리 가버리길 바라고 일상을 소중하게 생각하지 않았다. 지금 생각하면 학창시절과 군대시절이 힘들긴 했지만 정말 꽃봉오리 같은 시절이었는데 그때는 왜 그렇게 생각했는지 모르겠다. 남자들이 제대 후 가장 많이 이야기하는 게 바로 군대 이야기다. 그렇게 지겹게 생각한 군대시절도 돌아보니 모든 순간이 꽃이었듯이 지금 이 순간도 시간이 지나면 그리워할 때가 올 것이다.

가까이 있는 것은 아름답게 보이지 않는다. 시간도 사람도 그렇다. 지금 이 순간 보다는 항상 옛날이 좋았고 아직 오지 않은 미래가 더 좋게 보인다. 지금 내 앞에 있는 아내보다 첫사랑이 더 예쁘게 보이고 어디선가 나와 더 잘 어울리는 사람이 있을 것 같은 생각이 든다. 하지만 나이를 먹으면서 지금 아름답게 보이는 과거도 한때는 지루하고 힘든 현재였다는 것을, 핑크빛으로 다가올 것 같은 미래도 현실이 되면 지금 이 순간처럼 회색빛이라는 것을 알게 된다. 지금 여기에 살지 못하면 삶이 껍데기밖에 남지 않는다는 것을, 과거 현재 미래가 따로 있는 게 아니라 지금이라는 시간 외에 다른 시간은 결코 존재하지 않는다는 것을, 많은 시간을 흘려보내고서야 깨닫게 된다.

옛날에 대주스님이라는 큰 스님에게 어떤 사람이 물었다.
"다음 생에 태어날 곳이 어디입니까?"
큰 스님이 말했다.
"아직 죽지도 않았는데 뭐 그런 것을 생각하느냐?"

어릴 때는 어딘가에 하늘나라가 있는 줄 알았다. 나이가 들면서 산타할아버지가 없다는 것을 알아가듯이 그런 나라는 없다는 것을 알았다. 어릴 때는 오늘이 지나고 나면 더 나은 내일이 올 것이라고 생각했다. 지금 보니 그런 내일은 없고 삶은 오늘의 연속이라는 것을 알았다.

과거나 미래라는 시간은 관념 속에서만 존재할 뿐 존재하는 시간은 현재 밖에 없다. 지금 여기에 존재할 수 있는 사람만이 행복하다.

날마다 오늘 하루만 행복하게 살라. 일생에 많은 날이 있지만 결국은 오늘의 연속이다.

지금 여기라는 천국에 살고 있으면서도 천국을 누리지 못하고 하루에도 몇 번씩 지옥을 만들고 있지는 않은가. 우리는 '이 순간'을 벗어나서는 존재할 수 없다. 몸이 여기에 있다고 해서 존재하는 것이 아니라 여기에 깨어 있어야 진정으로 존재하는 것이다.

모순

살면서 모순에 빠지는 경우가 종종 있다. 추억을 만들려고 애썼던 순간은 기억나지 않고 사소한 순간들이 추억으로 남는다. 잘 키우려고 정성껏 가꾼 나무는 말라 죽고, 심은 후 거들떠보지도 않은 나무가 큰 나무가 되기도 한다.

새장 안의 새는 밖으로 나가고 싶어 하고 밖의 새는 안으로 들어오고 싶어 한다. 우리는 감옥에 갇히는 것을 싫어하지만 스스로 감옥을 만든다. 타인의 비난을 죽기보다 싫어하면서 스스로를 비난한다.

알렉산드로스 대왕이 가르침을 받고자 아테네에서 노숙하는 디오게네스를 찾아가서 말했다.

"원하는 게 뭔가? 뭐든지 들어주겠다."

디오게네스는 괴짜 철학자답게 말했다.

"일광욕하게 좀 비켜주시겠습니까?"

유럽을 정복하고 동방까지 원정 갔다온 자신이 이 세상에서 가장 행복한 사람인 줄 알았는데 자신을 개똥같이 여기는 사람이 있었던 것이다.

알렉산드로스가 말했다.

"나는 전 세계를 정복하고 싶다."

그 말을 들은 디오게네스가 물었다.

"온 세상을 정복하고 난 다음에 무엇을 하시겠습니까?"

알렉산드로스는 웃으면서 말했다.

"그 다음에는 나도 좀 쉬면서 인생을 즐겨야겠지."

디오게네스도 웃으면서 말했다.

"대왕께서는 바보입니다. 저는 지금 벌써 쉬고 있지 않습니까?"

알렉산드로스는 말했다.

"만약 내가 알렉산드로스가 되지 않았다면 디오게네스 같은 사람이 되고 싶었을 것이다."

백년도 못 사는 인간이 신이 되고 천년을 살 것처럼 꿈꾸다가 33년 밖에 못 살고 가는 삶이 얼마나 모순인가.

양귀자의 소설《모순》을 읽었다.

쌍둥이 자매가 있었다. 결혼하기 전까지는 모든 것이 똑같았다. 그러나 이 두 사람의 운명을 완전히 바꾼 것은 결혼이었다. 언니는 무능한 남편을 만나서 온갖 고생을 다 하며 살았다. 반면 동생은 남편을 잘 만나 부족한 것이 없을 정도로 풍요롭고 행복한 환경 속에서 살았다.

어느 날 동생은 유서나 다름없는 한 통의 편지를 언니의 딸(주인공)에게 보낸다. 모두가 부러워했지만 그녀 자신은 너무 힘들었다는 것이다. 자라면서도 그랬지만 한 남자를 만나 결혼을 한 이후에는 더욱 평탄해서 도무지 결핍이라곤 없었던, 지리멸렬한 삶이 그녀가 불행한 이유였다. 모든 것이 갖추어진 그런 삶을 다른 사람들은 부러워했지만 그 속에서 그녀의 삶은 없었다. 그녀는 새벽부터 저녁까지 돈도 벌어야 하고, 무능한 남편과 싸움도 해야 하고, 말 안 듣는 아들 때문에 언제나 바람이 씽씽 일도록 바쁘게 살아가는 언니가 부러웠던 것이다. 그런 언니가 진짜 살아있는 삶을 살아가고 있다고 생각했다. 그래서 동생은 죽음을 택한 것이다.

행복은 멀리서 보면 보이지만 잡으러 가까이 가면 보이지 않는

무지개와 같다. 행복을 목표로 하는 순간 인간은 행복과 멀어
진다. 늪에 빠진 사람이 나오려고 애쓸수록 더 깊이 빠져드는
것과 같다.

행복은 내 안에 가지고 있으면서 멀리서 찾으려고 헤매다 결국
빈손으로 돌아온 뒤 허탈한 몸과 마음을 어루만지는 한 줄기
바람과 같다.

삶이 하나만 존재하지는 않는다. 상대적인 것이 있어야 존재하
는 법이다. 고통이 있어야 즐거움이 있고, 불행이 있어야 행복
이 있다. 그것이 삶의 본질이다.

인생도 항상 즐겁기만 하다면 즐거움이 무엇인지를 알지 못하

게 된다. 힘든 일이 있음으로 해서 즐거움도 알게 된다. 세상 일이 모순과 함께 있다는 것을 이해할 때 조금 더 삶의 본질 가까이로 다가갈 수 있는 것이다.

우리의 삶은 모순이 있어서 아름답다. 삶은 항상 축제같이 즐거워야 되고 자신은 백설공주같이 살아야 한다고 생각하는 사람에게는 일상이 무료하고 재미없겠지만 따뜻한 날이 있으면 추운 날도 있고 비 오는 날이 있으면 갠 날도 있다는 것을 알고 그런 것이 다 섞여 있는 것이 삶이라고 생각하는 사람에게는 일상이 축복이 된다.
온실 속의 꽃처럼 편하게 사는 삶이 반드시 좋은 것은 아니다. 삶 속에서 부딪치며 이겨내고 자기다운 삶을 사는 것이 훨씬 더 아름다운 삶이다.

삶의 모순 중에서 가장 큰 모순이 바로 행복에 대한 생각이다. 내가 바라는 것이 이루어지면 행복할 것 같지만 그것이 이루어진다고 해도 행복은 잠시 뿐 더 큰 바람이 행복을 막는다.
편안하고 행복한 인생이 평생 보장된다면 그것은 이미 행복이 아니다. 계속 행복하면 그것은 지루한 일상일 뿐이다. 이것을 참고 견뎌낼 수 있는 사람은 없다.

행복은 느끼는 것이지 잡는 것이 아니다. 행복은 가만히 보고 있으면 아름답게 보이지만 잡으려고 하면 쪼그라드는 솜사탕이다. 솜사탕은 먹으려고 들고 있을 때가 행복하다. 막상 먹으려고 하면 먹을 게 없는 것이 솜사탕이다.

우리는 이리저리 뛰면서 힘들게 사는 것이 고통이라고 생각하지만 사실 행복은 그 속에 있다. 우리가 그것을 볼 수 있는 여유가 없을 뿐이다. 힘들 때는 아무 것도 하지 않고 놀고먹었으면 좋겠다는 생각이 들지만 아무 것도 하지 않고 침대에서 열흘만 누워 있어 보라. 멀쩡한 사람도 환자가 된다. 가끔은 격하게 외롭고 심하게 흔들리고 숨고 싶을 정도로 두렵고 아주 가끔은 눈물 나게 기쁜 것, 그것이 삶이다.

착각

'착각은 자유'라는 말이 있지만 착각해서는 안 되는 것이 있다. 많은 사람들이 착각하는 것이 있다.

첫째, 부부가 성격 차이가 있으면 안 된다는 것이다.
우리나라의 이혼증가율은 세계 최고 수준이다. 이대로 가면 머지않아 이혼율도 최고가 될 것이다. 가장 많은 이혼 사유가 성격 차이다. 무려 44.9%를 차지한다. 처음부터 성격이 다른 남녀가 만나 결혼했는데 그 때문에 이혼을 하게 되는 것이 아이러니한 일이다. 성격 차이 때문에 이혼하고 나서 다른 사람과 재혼을 한다고 해도 달라질 건 없다. 재혼해도 또 성격 차이로 갈등을 겪게 될 게 뻔하다.
부부가 만난다는 것은 두 개의 세상이 만나는 일이다.
이게 보통 일이 아닌데 우리는 너무 쉽게 생각한다.

자연은 자신과 다르다고 해서 다투지 않는다. 소나무는 다른 나무에 자신의 가지가 닿지 않을 범위 내에서만 가지를 뻗는다. 나무는 자신의 욕심을 부리지 않고 다른 나무의 공간도 존중해준다.

세상에 나같은 사람은 없다. 쌍둥이도 싸울 때가 있는데 어찌 세상 사람이 나와 같겠는가.

죽은 나무라고 해서 아무 문제가 없는 것은 아니다. 전원주택으로 목조주택을 지을 때 목수가 말했다.

"밤에 집에서 쩍쩍 소리가 나더라도 놀라지 마세요. 그건 나무들이 제자리를 찾아가고 있는 것입니다."

살아보니 1년 정도 집에서 그런 소리가 들렸다. 죽은 나무도 다른 나무와 만나 제자리를 찾아가기 위해 몸부림을 치는데 다른 사람이 살면서 아무 문제가 없는 것이 더 이상하지 않을까? 적당히 비슷하며 필요한 만큼 다른 부부가 되면 이상적인 커플이다. 나와 다르면 낯설고 비슷하면 답답하다.

나와 아내는 성격이 너무 다르다. 결혼기념일과 주소를 제외하면 같은 것이 거의 없을 정도다. 그 중에서 특히 다른 것이 시간에 대한 생각이다. 나는 조기 착수형인데 비해 아내는 마감

임박형이다. 나는 초등학교 때 방학숙제를 내주면 일기 쓰는 것을 제외하고 미리 다 해놓고 노는 스타일인데 아내는 실컷 놀다가 방학이 끝나기 전에 밤을 새워 해치우는 스타일이다.

나는 중간과정보다는 최종 약속시간을 지키는 것을 중요하게 생각하는데 아내는 약속도 중요하지만 중간과정을 무시할 수 없을 경우에는 약속시간이 늦어질 수 있다고 생각한다.

이렇게 다른 사람이 한지붕 밑에 살면 얼마나 힘이 들까. 사정이 그렇다 보니 부부싸움의 반은 시간 때문에 일어났고 그것을 바꾸려고 애를 써보았지만 효과가 없었다. 결국 나는 아내와의 관계에서 시간을 내려놓기로 했다. 부부싸움의 반은 줄었다. 그렇게 바꾸려고 해도 안 되던 아내의 시간에 대한 생각도 조금씩 바뀌어 지금은 큰 문제 없이 살아가고 있다.

나와 다른 상대의 행동에 감정적으로 대하지 마라. 감정적으로 대하는 것은 나와 상대가 성격이 다르다는 것을 인정하지 못하는 데서 온다. 원래 다른 성격을 애써 맞출 필요는 없다. 성격이 다르다는 것을 받아들이고 상대를 바꾸려는 노력을 자신에게 하는 것이 조화로운 부부의 길이다.

성격이 같아야 사랑을 하는 것이 아니다. 성격이 같은 사람끼리 살면 좋을 것 같지만 금세 싫증 날 것이다. 나도 내가 싫어질 때가 있는데 상대까지 나와 같다면 얼마나 힘들어질까?
식탁도 다양한 음식이 있어야 어울린다. 좋다고 한 가지만 차리는 식탁이 없듯이 같은 성격을 찾지 말고 다른 것을 인정하고 조화롭게 사는 것이 중요하다.

둘째, 스트레스는 나쁜 것이라고 생각하는 것이다.
과도한 스트레스가 나쁜 것이지 적당한 스트레스는 건강한 삶을 위해 필요하다. 너무 스트레스가 없으면 오히려 건강을 해칠 수 있다.
스트레스 없는 삶을 꿈꾸지 말라.
바람은 언제든지 불고 파도는 언제든지 치기 마련이다.
미국의 심리학자 토니 로빈스는 말했다.
"당신 삶에도 겨울이 찾아올 수 있다. 하지만 어떤 사람은 얼어 죽고, 어떤 사람은 스키를 탄다."
스트레스로 인해 괴로워하며 그것을 없애려는 바로 그 마음이 더 큰 스트레스를 만들어낸다. 스트레스는 씨앗을 덮고 있는 흙과 같다. 흙은 없어도 안 되고 너무 많아도 안 된다.
세상은 우리가 의미를 부여하는 대로 우리에게 다가올 것이다.

세상을 놀이터라고 보면 그 속에서 뛰어노는 아이가 되고, 세상을 전쟁터라고 보면 그 속에서 피 흘리며 싸우는 사람이 된다.

세상을 고해(苦海)로 보든, 놀이터로 보든 우리가 생각하는 대로 보일 것이다.

"꽃길만 걷게 해주겠다"고 말하는 사람이 있다면 그를 믿지 마라. 그런 길은 없다. 그런 말은 사기꾼들이 잘 쓰는 말이다. 설사 그런 길이 있다고 하더라도 하루만 걸으면 지겨울 것이다.

삶은 고통과 행복이 섞여 있는 것이지, 가시밭길 인생도 꽃길 인생도 없다. 항상 좋으면 행복하지 않다. 행복은 고통을 극복했을 때 따라온다. 단조롭고 따분한 일상에서 관점을 바꾸면 이 세상이 작은 기적들로 가득 차 있다는 것을 알게 된다. 닫힌 마음으로 보면 그런 것들은 보이지 않는다.

나는 자다가 가끔 다리에 쥐가 날 때가 있다. 그 순간은 정말 고통스럽다. 그때마다 이 또한 지나가리라는 것을 알고 참는다. 그러면 곧 가라앉는다. 왜 자꾸 쥐가 나는가를 생각하지 않고 물속에서 쥐가 나지 않아서 다행이라고 생각한다.

요즘은 취업하기도 무척 어렵지만 힘들게 들어간 회사에서 1

년을 버티지 못하고 사표를 쓰는 사람이 28퍼센트나 된다고 한다. 회사 일이 적성과 맞지 않거나 인간관계 문제로 회사를 그만두는 것이다. 그런 사람은 다른 곳으로 옮겨도 뾰족한 수가 생기지는 않는다.

회사가 힘든 진짜 이유는 그곳에서 돈을 받기 때문이다.

돈을 받는 곳 치고 재미있는 곳은 없다. 돈을 벌면서 고상하게 벌 수 있는 곳이 어디에 있을까? 만일 있다면 금세 사람들이 몰려서 그곳 또한 스트레스가 넘쳐날 것이다.

사람 사는 곳은 다 비슷하다. 나에게 딱 맞는 일이 기다리고 있는 곳도 없고 나를 특별한 존재로 인정해주기 위해 기다리는 사람도 없다. 다른 회사로 옮기고 싶은 사람은 지금 있는 곳에서 자신의 꽃을 한 번이라도 피워보고 나서 생각해봐야 한다.

누군가가 말했다.

"풍경소리는 들리지 않으면 외롭고 들리면 성가시고!"

세상 모든 것이 다 그렇다. 돈도, 직장도, 사랑도 심지어 자식도 그렇다. 스트레스도 그런 것이다.

셋째, 슬럼프는 나쁜 것이라고 생각하는 것이다.

슬럼프는 누구에게나 온다. 항상 좋을 수는 없다. 항상 좋은 것

은 좋은 것이 아니다. 때로는 모든 것을 다 벗어버리고 멀리 떠나고 싶을 때가 있다.

잠에서 깨어나지 않았으면 하고 잠자리에 들 때도 있다. 어깨도 무겁고 허리도 아프다. 그러나 항상 그런 것은 아니다. 좋을 때도 있었다. 그러나 지금은 슬럼프에 빠진 것이다.

걷다가 넘어진 사람은 땅을 짚고 일어나야 하고, 스스로 방황하다 쓰러진 사람은 자신을 딛고 일어나야 한다. 슬럼프에 빠진 사람은 그곳에서 나와야 한다.

나 자신 만큼 나에게 영향을 많이 주는 사람은 없다. 스스로를 못난 사람으로 만들어버릴 수도 있고, 현재 힘든 상황에 있더라도 믿고 일어설 수 있게 하는 것도 바로 자신이다.

슬럼프가 오는 것이 문제가 아니다. 슬럼프는 언제든지 올 수 있다. 글을 쓸 때도, 운동을 할 때도, 부부생활을 할 때도 슬럼프는 항상 있다. 6개월 동안 단 한 줄도 못 쓸 때가 있고, 그렇게 잘하던 줄넘기를 몇 달 째 한 개도 못할 때도 있고, 새벽형 인간이 아침에 눈을 뜨지 못할 때도 있다.

내가 슬럼프에 빠졌다고 느낄 때는 오히려 마음을 느긋하게 먹어야 한다. 조급하게 행동하다 보면 제풀에 지쳐 쓰러지거나 더 깊은 수렁으로 빠져든다.

아무리 좋은 배가 있다고 하더라도 물이 없으면 움직일 수 없다. 지금 우리가 처한 현실이 힘들고 어려워 마른 강과 같다고 하더라도 때를 기다리면 어느 날 봄비가 내려 배를 띄울 수 있다. 슬럼프가 나쁜 것이 아니다. 올 수 있는 것이 왔는데 지금이 그때일 뿐이다. 지금 자신의 강물이 얕아 큰 배를 띄울 수 없다고 한탄하지 말고 강이 불어나기를 기다리는 것도 지혜다.

철학이 필요해

현대인들이 겪는 불행은 대부분 삶에 대한 무지가 원인이다. 삶에 대한 것은 학교에서 가르쳐주지 않는다. 스스로 공부를 해야 한다. 행복을 느끼려면 그걸 인식할 만한 지성이 있어야 한다. 그림을 감상할 때 느끼는 것만큼 볼 수 있듯이 같은 경험을 하더라도 인식할 수 있는 것만큼만 행복을 느낄 수 있다.

행복을 인식하고 지혜로운 삶을 살기 위해서는 자신의 철학이 필요하다. 철학은 삶의 본질을 탐구하는 것이다. 우리에게 필요한 것은 학문으로서의 철학이 아니라 삶의 지혜를 얻기 위한 철학이다.

철학이 필요한 이유는 그것이 삶의 문제들을 직접 해결해주지는 않지만 그것을 보는 바른 눈을 길러주고, 나와 세계에 대한 인식을 심어주기 때문이다. 철학은 지식의 영역이 아니라 지혜의 영역이다. 철학은 지혜를 사랑하고 삶을 바르게 볼 수 있게 해준다. 자신의 철학을 가지고 사는 사람은 쉽게 흔들리지 않고 힘든 일도 견뎌낼 수가 있다. 오늘날 우리의 삶이 이토록 혼란스럽고, 불행한 사람이 많은 것은 어떻게 살아야 할지 모른 채 살아가기 때문이다. 밤길을 가는 나그네에게 길을 밝혀주는 북극성이나 작은 배의 항로를 알려주는 등대처럼 나의 길을 밝혀줄 자신의 철학이 있어야 거친 세상을 아름답고 따뜻하게 살아갈 수 있을 것이다.

자신의 철학을 가져라. 다수가 똑같은 생각을 한다고 해서 그 생각이 다 옳은 것도 아니다. 그것이 없으면 물이 흐르는 대로 다른 사람이 말하는 대로 따라갈 수밖에 없다.

다른 사람들의 의견을 생각 없이 받아들여서는 안 된다. 속더라도 알고 속는 것과 모르고 속는 것은 다르다. 모르면 자신이 속는 줄도 모르지만 알면 두 번 다시 속지 않는다.

남의 말에 귀를 기울일 필요는 있다. 하지만 분명히 옥석을 가려들을 수 있어야 한다.

남들로부터 전해들은 말은 한번쯤 의심해볼 필요가 있다. 다른 사람의 말에 휘둘리지 말고 내 눈으로 보고 머리로 생각해서 판단하라.

세상의 상식을 맹종하지 마라. 상식이란 많은 사람들이 공유하고 있는 편견일지도 모른다.

김유신 장군이 젊었을 때 천관녀란 기생을 사랑했다.
이 사실을 안 그의 어머니는 아들이 학문과 무예에 힘쓰도록
이르고 천관녀를 더 이상 만나지 못하게 했다. 그도 이를 지키
기로 결심했다. 그러나 어느 날, 말이 술에 취한 주인을 태우고
천관녀의 집으로 평소와 같이 갔다. 술이 깬 그는 칼을 빼어 어
머니의 훈계를 어긴 말의 목을 베었다. 아무리 장군이라고 해
도 말의 목을 베는 것은 어렵다. 그건 인정한다고 치더라도 그
런 김유신의 행동을 칭찬하는 데에는 동의할 수 없다. 그런 결
단력이 있었기에 삼국통일의 위업을 달성할 수 있었다는 것을
말하고 싶었을 것이다.
그러나 다른 관점에서 보면 자신의 출세를 위해 사랑하는 여인
을 버린 사람, 어머니의 훈계를 듣고도 정신을 차릴 수 없을 정
도로 술에 취한 사람, 자신의 잘못은 인정하지 않고 죄 없는 말
만 죽인 사람으로 볼 수도 있다. 김유신이 진정으로 베어야 할
것은 말의 목이 아니라 자신의 나약한 마음이었다.

변화에 대한 사람들의 경각심을 깨우기 위해 자주 등장하는

'개구리이론'이란 것이 있다.

뜨거운 물에 개구리를 넣으면 바로 뛰쳐나오지만 미지근한 물에 개구리를 넣고 천천히 가열하면 위험성을 감지하지 못해 서서히 죽어간다는 내용이다.

나도 얼마 전까지 그런 줄 알았다. 과연 그럴까 하는 호기심이 생겼다. 그래서 집 근처에서 개구리를 열 마리 정도 잡아서 실험을 해보았다.

냄비에 물을 약간 뜨겁게 하여 개구리를 넣었더니 바로 다리를 뻗고 죽었다. 너무 뜨거워서 그런가 생각해서 온도를 약간 낮춰서 개구리를 넣었더니 죽는 속도만 다를 뿐 마찬가지였다. 이론대로라면 뜨거운 물속의 개구리는 바로 튀어나와야 하는데 실제 해보니 그렇지 않았다.

냄비에 찬물을 넣고 그 속에 개구리를 넣어 온도를 서서히 높여보았다. 이론대로 개구리는 변화를 감지하지 못했다. 물이 끓을 때까지 개구리는 나가지 않고 있다가 그대로 죽었다. 나는 불을 조금 더 세게 하여 가열해보았다. 결과는 마찬가지였다. 결국 내가 실험한 모든 개구리가 다 냄비 속에서 죽었다. 물론 내 실험이 잘못 되었을 수도 있다. 중요한 것은 외부의 정보를 판단 없이 다 믿어서는 안 되며 자신의 합리적인 판단기준이 있어야 한다는 것이다.

우리는 "정치와 종교에 대해서 이야기하지 마라"는 말을 자주
듣는다. 사람들이 그런 말을 그대로 믿고 실제 그렇게 하고 있
다. 나는 종교인이나 위정자가 우매한 민초들을 세뇌시키기 위
해 이런 말을 지어냈다고 생각한다. 그런 말을 믿고 정치나 종
교에 대한 이야기를 하지 않는 게 옳은 것인가?
물론 종교나 정치성향 때문에 논쟁을 할 수도, 싸울 수도 있
지만 그렇다고 거기에 대해 말도 못하게 하는 것은 종교나 정치
권력자의 의도대로 살아가는 것이다.
나와 아내는 종교도 다르고 정치성향도 다르다. 지금까지 투표
를 하면서 같은 사람을 찍은 적이 한번도 없었다. 그렇다고 집
에서 정치, 종교 이야기를 하지 않는 것은 아니다. 그것 때문에
싸워본 적은 거의 없었다.
"인간은 정치적인 동물이다."
아리스토텔레스가 한 말이다.
정치가 거창한 게 아니다. 인간은 사회적인 동물이며 둘만 모
이면 정치적이다. 자연 본성적으로 사회적, 정치적인 동물인
인간에게 정치 이야기를 하지 말라는 것 자체가 모순이다.

우리 모두는 종교적일 수밖에 없다. 필연적으로 죽어야 하는 존재이기 때문이다. 종교가 없다고 해서 비종교적인 것은 아니다. 종교를 가지지 않는 것도 종교적인 신념에서 나오는 것이다.

이 세상에 만병통치약은 없는 것처럼 이 세상에 절대적인 종교도 없다. 만약 그런 약이 있다면 다른 모든 약은 사라졌을 것이고, 그런 종교가 있다면 하나의 종교만 남고 다른 모든 종교는 사라졌을 것이다. 산의 정상은 하나이지만 올라가는 길은 많듯이 진실은 하나이지만 진실에 접근하는 방법은 하나만 있는 것이 아니다.

세상은 너무 똑똑하거나 자신만의 철학을 가진 사람을 좋아하지 않는다. 군중에 잘 조화되고 융화되는 사람을 좋아한다. 그런 사람들은 다루기가 쉽기 때문이다.

정치와 종교 이야기를 하지 않는 것이 중요한 게 아니라 그런 이야기를 하더라도 서로의 차이를 인정하는 태도를 갖는 게 중요하다.

지금 우리나라는 단군 이래 물질적으로는 가장 풍요한 삶을 살고 있지만 행복한 삶을 살아가는 사람은 적다. 심지어 자살이라는 극단적인 행동을 하는 사람들이 너무 많다.

삶의 주인으로 살기 위해서는 돈에 대한 자기만의 철학을 가지고 있어야 한다. 돈이 행복의 전부는 아니지만 많은 불행이 돈에서 발생한다.

돈을 부정하는 것도 위선이지만 돈이 전부라고 생각하는 사람은 결코 행복할 수 없다. 부자가 되는 것도 어려운 일이지만 부자로 살면서 행복해지는 것은 더 어려운 일이다.

좋은 차, 큰 평수의 아파트, 억대 연봉, 좋은 옷, 명품 가방, 맛있는 음식 등 소비의 유혹이 도처에 깔려 있다. 하지만 그런 것을 다 가진다고 행복해지지 않는다. 가지면 가질수록 더 많은 것을 가지고 싶은 욕망에 휩싸일 뿐이다.

소유와 실존의 적당한 경계에서 만족하며 살아야 한다. 돈에 대한 집착에서 벗어난 삶을 살기 위해서는 돈에 대한 철학이 필요하다.

"가난하게 태어난 것은 너의 잘못이 아니지만 죽을 때도 가난한 것은 너의 책임이다"라고 한 빌게이츠의 말을 나는 좋아한다. 더 좋아하는 말은 카네기의 "부자로 죽는 것은 수치"라는 말이다. 두 사람 모두 돈에 대한 철학이 있었기 때문에 그런 삶을 살 수 있었다.

나에게 필요한 것은 명품가방이 아니라 물건을 담을 수 있는

가방이면 되고, 고급차를 타는 것이 중요한 게 아니라 안전하게 목적지까지 타고 갈 수 있는 차이면 된다.

행복이라는 본질을 살리기 위해서는 돈과 명예 등의 형식이 필요하다. 우리는 흔히 본질과 형식을 구분하지 못할 뿐만 아니라 형식이 본질을 앞서기도 한다. 너무 형식에 치우친 나머지 행복이라는 본질을 잊고 살아가는 경우가 많다.

행복과 돈의 관계는 시간과 시계의 관계와 같다. 시계가 없으면 시간을 볼 수 없지만 시계가 많다고 해서 시간관리를 잘 하는 것은 아니다.

사람들은 눈에 보이고 손에 잡히는 것의 소중함은 잘 알지만 그 반대편에 있는 본질은 인식하지 못하고 살아간다. 물질이 풍요로울수록 정신이 빈곤해지고 행복지수가 떨어지는 것은 형식이 결코 본질을 대신할 수 없다는 것을 반증하는 것이다.

좋은 시계를 차고 다니는 것이 시간을 소중하게 생각하는 것이 아니듯이, 돈과 명예에 너무 치중하다 보면 행복과는 거리가 먼 삶을 살게 된다. 본질과 형식의 균형 잡힌 삶이 가장 이상적이다.

아침에 도를 들으면

논어에 "조문도석사가의 (朝問道夕死可矣)" 라는 말이 있다.
아침에 도를 들으면 저녁에 죽어도 좋다는 뜻이다.
도가 무엇이길래 공자는 그런 말씀을 하셨을까?
노자는 "도가도비상도(道可道非常道)" 라고 하였다. 도를 도라
고 말할 수 있으면 이미 영원한 도가 아니라는 뜻이다.
불가에서는 제자가 도를 물으면 선문답으로 대답한다.
"뜰 앞의 잣나무"
"차나 마셔라"
"밥을 먹었으면 가서 그릇을 씻어라"
그렇게 말해도 제자는 알아들었다.
우리는 도를 한꺼번에 깨칠 수는 없다. 할 수 있는 것은 매일
조금씩 배우면서 알아가는 것이다. 공자는 배우고 익히는 것을
인생삼락의 하나로 삼았다. 욕조에 들어갈 때 물이 넘치는 것

을 보고 부력의 원리를 발견한 아르키메데스처럼 흥분하여 알몸으로 뛰어나올 정도는 아니더라도 몰랐던 사실을 알게 되면 그 기쁨이 이루 말할 수 없을 정도로 크다. 그런 희열은 육체의 쾌감에 비할 바가 아니다.

도는 큰 것이 아니다. 공자, 석가, 예수와 같은 성인들의 말씀 속에도 위대한 도는 없다. 그 속에 있는 것은 작은 지혜와 사랑의 말씀이다. 매일 얻는 작은 지혜가 바로 도(道)다.

도는 죽음에 대해 아는 것이 아니라 삶에 대해 알고 바르게 사는 것이다. 삶을 알면 죽음도 알 수 있다. 삶의 마지막 관문이 죽음이기 때문이다. 관문 그 이후는 알 수가 없다.

도를 깨달으면 비록 몸이 죽어도 영혼은 죽지 않고 영원히 산다는 것을 분명히 체득하고 있기 때문에 죽음도 두렵지 않을 것이다. 그래서 공자도 "아침에 도를 들으면 저녁에 죽어도 좋다"고 말씀하셨나 보다.

나의 하루는 해뜨기 두 시간 전에 시작된다. 눈을 뜨면 오늘 나에게 새날이 주어졌음에 감사한다. 어제는 이미 과거가 되었고 내일의 운명은 알 수가 없다. 알 수 있는 것은 내가 오늘 살아 있다는 것이다. 어쩌면 오늘이 마지막 날이 될지도 모른다.

나 자신이 작다고 느껴질 때 스스로 더 커질 수 있으며, 나 자신이 어리석다고 느낄 때 더 지혜로울 수 있다. 자신이 어리석다고 인식하는 사람은 어리석은 사람이 아니다. 그런 사람이 지혜로운 사람이다. 대표적인 사람이 소크라테스다.

아직도 잠에서 깨어나지 못한 많은 사람들은 이런 기쁨을 모를 것이다. 일어나서 거장들의 책을 읽는다. 거장들의 책은 다시 읽어도 생명력을 느낀다. 만약 그렇지 않았더라면 고전이 되지 않았을 것이다. 그런 책은 읽을수록 더 깊은 의미로 다가온다. 사람도 처음 만났을 때보다 다시 만날 때 향기가 더 나는 사람이 깊은 사람이듯이 다시 읽을 때 새롭게 느껴지는 책이 좋은 책이다.

책을 많이 읽는 것도 중요하지만 좋은 책을 반복해서 읽는 것이 더 중요하다. 거장들의 책을 읽으면 내가 마치 거대한 성 옆에 있는 작은 집과 같다는 느낌이 든다.

매일 거장들을 만나면서 그를 닮아간다.

혼자 시간을 보내는 법

잘 살기 위해서는 원만한 인간관계가 필요하다. 하지만 혼자서 잘 보낼 수 있는 능력도 있어야 한다. 나이가 들수록 혼자 있는 시간이 많아진다. 젊을 때는 혼자 있고 싶어도 혼자 있게 내버려두지 않고, 나이가 들어서는 같이 있고 싶어도 같이 놀아줄 사람이 없다. 성인이 되면 다른 사람과도 친밀하게 지낼 수 있어야 하지만 혼자서도 고독을 즐길 수 있어야 한다.

행복한 삶을 위해서 혼자 의미 있게 시간을 보내는 연습이 필요하다. 나는 다른 사람들과 어울리는 것도 좋아하지만 혼자 있는 시간을 더 좋아한다. 아내가 혼자 장기간 해외여행을 가더라도 신경을 쓸 필요가 없다. 책만 몇 권 있으면 된다. 혼자 있을 때는 주로 운동과 독서 그리고 글쓰기로 시간을 보낸다. 어떤 때는 주말에 하루 종일 책만 볼 때도 있다. 날씨가 따뜻할 때는 마당에서 책을 본다. 코끝을 지나가는 바람을 맞으며 가끔 하늘을 본다. 자연과 내가 하나가 되고 구름과 친구가 된다. 나 자신이 흔들린다고 느낄 때, 살아갈 길이 잘 보이지 않을 때 나의 방으로 들어가 긴 고독에 잠긴다. 영혼이 고독한 순간에는 나를 돌아보게 되고 우주의 불가사의한 힘을 느낄 수 있다. 내면의 가치가 충만한 사람은 군중 속에 있기 보다는 홀로 있는 편을 더 좋아한다. 인간은 홀로 행복할 수 있어야 되고, 다른 사람들과도 행복할 줄 알아야 한다.

사람은 더불어 살아가지만 결국 혼자 살아간다. 인간은 누구나 실존의 고독을 느끼며 살아가는 존재다. 혼자 있다고 해서 외롭거나 고독한 것이 아니다. 그것을 어떻게 받아들이는가에 따라 다르다. 외롭고 고독한 것은 어떤 상황 때문이 아니라 마음이 나를 그렇게 만드는 것이다.

독일의 실존주의 철학자 폴 틸리히는 "외로움은 홀로 있는 괴로움이며 고독은 홀로 있는 영광이다"라고 말했다. 혼자 있어서 불행을 느끼는 사람도 있고 혼자 있지 못해서 불행을 느끼는 사람도 있다.

자신의 내면에 귀를 기울이려면 고독해야 한다. 고독을 가까이

하라. 혼자 있는 시간을 늘려라. 재능을 발견하기 위해서는 자발적인 고독이 필요하다.

혼자 있다는 것은 어쩔 수 없이 사람들로부터 고립되거나 단절되는 것이 아니라 자발적으로 혼자 있는 시간을 만드는 것이다. 항상 분주한 것은 창의적인 어떤 것도 만들지 못한다. 겉으로 보기에 아무 것도 하지 않는 것 같지만 창의적인 활동을 하는 사람이 있다. 모든 위대한 발명품이나 예술품들은 그런 고독한 시간을 통해서 나온 것들이다.

혼밥, 혼술, 고독사라는 말이 늘어나고 있다. 10년 전만 하더라도 잘 들어보지 못한 말이다. 나이가 들수록 혼자 있는 시간이 늘어난다. 혼자 보낼 수 있는 능력이 필요한데 그런 능력이 갑자기 생기는 것은 아니다. 혼자 시간을 보낼 수 있는 사람은 혼자 있을 기회가 적은 반면, 혼자 시간을 보낼 능력이 없는 사람에게 혼자 있을 기회가 더 많은 것이 현실이다. 대개 여자는 혼자서 시간을 보낼 수 있는데 남자가 문제다. 누구에게나 황혼은 온다. 그럴 경우에 배우자나 자식들에게 부담감을 주지 않고 혼자 있는 시간을 잘 보내려면 어떻게 해야 할까.

첫째, 배움이 필요하다.

나이가 들수록 필요한 게 공부다. 나이가 경력이 되고 나이로 대접받는 시대는 지났다. 지식 보다 지혜를 얻기 위한 공부가 필요하다. 나이가 든다고 해서 삶의 지혜가 늘어나는 것은 아니다. 오히려 나이가 들수록 완고해져서 독선과 아집에 빠지기 쉽다. 내가 지금 알고 있는 것만으로는 충분하지 않으며 옳지 않을 수도 있다는 생각을 가져야 계속 배울 수 있다. 나이가 많으면 자신의 세계가 굳어져서 타인의 생각을 받아들이지 않는다. 이런 데서 벗어나려면 공부하는 방법 밖에 없다. 공부할 것이 많은 사람은 혼자 있는 시간이 두렵지 않다. 오히려 혼자 있을 때 더욱 공부에 집중할 수 있어 즐겁기까지 하다.

둘째, 관계를 잘 맺어야 한다.

공부도 혼자 하는 것보다 커뮤니티를 만들어서 함께하는 것이 좋다. 굳이 공부하는 모임이 아니어도 운동이나 음악 등의 취미활동을 통해 즐거운 시간을 보내는 게 좋다. 젊어서는 나이가 비슷해야 친구가 되지만 나이가 들면 친구가 되는데 나이가 중요하지 않다. 그보다 서로 마음이 통하고 배울 것이 있으면 친구가 될 수 있다.

셋째, 성찰이 필요하다.

성찰은 나와의 대화를 의미한다. 삶은 고통을 통해 단단해지고 성찰을 통해 깊어진다. 성찰을 하는 사람은 외롭지 않다. 오히려 고독한 시간을 통해 자신을 돌아본다. 나와의 대화를 통해 내면에서 들려오는 목소리가 신의 음성이다. 자기 성찰을 통해 세상을 깊고 넓게 볼 수 있는 사람은 죽음에 대해서도 두려워하거나 회피하지 않는다. 삶과 죽음을 하나로 볼 수 있기 때문이다. 그런 사람은 일상에서도 쓸데없는 일을 줄이고 의미 있는 일을 늘려간다.

성찰은 자신을 찾아가는 것이다. 성찰은 독서보다 더 힘들다. 독서가 등산이라면 성찰은 암벽등반이다. 독서가 다른 사람이 만들어 놓은 길을 걷는 것이라면 성찰은 자신이라는 큰 벽과 싸우는 것이기 때문이다.

나이가 드는 것은 피할 수 없지만 정신이 늙어가게 해서는 안 된다. 익어가게 해야 한다. 혼자 있는 것을 외롭게 느끼며 괴로워하는 삶이 아니라, 혼자 있는 고독한 시간을 통해 자신을 숙성시킬 수 있다면 아름다운 삶을 살 수 있다.

죽음

철학은 '어떻게 살 것인가'로 시작되어 '어떻게 죽을 것인가'로 완성된다. 사는 것도 큰 문제지만 삶의 마지막 관문인 죽음을 어떻게 보며, 어떻게 맞이할 것인가도 중요하다. 삶이 우리를 괴롭히는 것은 삶 자체보다 죽음이 항상 따라다니기 때문이다. 어떻게 살 것인가를 생각하면서 어떻게 죽을 것인가를 생각하지 않을 수 없다. 죽음을 생각하다 보면 결국 어떻게 살 것인가로 귀결된다.

좋은 삶을 살려면 어떻게 살 것인가에 대해 알아야 하고 죽음에 대한 자기 나름대로의 철학이 있어야 한다. 죽음에 대한 가장 확실한 진리는 모든 생명체는 반드시 죽는다는 것이다.

죽음에 대한 정답은 없지만 나름대로의 철학은 필요하다. 그것이 없이는 삶이 너무 힘들기 때문이다.

주현이 주연으로 나오는 〈해로〉라는 영화를 아내와 함께 보았다. 죽음이라는 이별을 앞에 둔 노부부의, 생애 마지막 사랑을 다룬 감동적인 영화였다. 40년을 함께 살아온 부부는 서로 깊은 병을 가지고 죽음을 기다리며 상대에게 먼저 떠나라고 한다. 남은 사람의 외로움을 알기 때문이다. 그 다음에는 서로 자신이 먼저 떠나겠다고 한다. 혼자 떠나는 자의 외로움을 알기 때문이다. 마지막에 부부는 눈이 많이 오는 날 자전거를 타고 함께 떠난다. 길 옆에 나란히 세워둔 자전거에 눈이 쌓이고 있는데 노부부는 없다. 혼자 떠나도 외롭고 혼자 남아 있어도 외로운 길을 함께 떠난 것이다.

이 영화가 시작될 때 짧은 자막이 눈에 들어왔다.

"삶이 즐겁다면 죽음도 그러해야 한다.

그것은 같은 주인의 손에서 나오기 때문이다."

어떻게 죽음을 이렇게 두 문장으로 쉽게 표현할 수 있었을까? 더 놀란 것은 다음에 나오는 말이었다. 그 말을 한 사람이 바로 미켈란젤로였던 것이다. 미켈란젤로는 위대한 미술가와 조각가로 알려져 있지만 그가 지은 시가 300수가 넘을 정도로 대단한 인문학자라는 것을 아는 사람은 그리 많지 않다.

사람은 반드시 죽는다는 사실을 모르는 사람은 없다. 이것이 자연의 법칙이다.

반드시 죽는다고 해서 심각하게 생각할 일은 아니다. 죽음을 인식하고 있는 동안에는 살아 있기 때문이다. 죽음을 너무 의식하고 살아가면서 삶을 슬프게 만들 필요는 없지만 죽음에 대해 생각하지 않고 살아갈 수는 없다. 늘 죽음을 생각하는 사람이나 죽음에 대해 전혀 생각하지 않는 사람 둘 다 어리석은 사람이다. 주변에 준비 없는 죽음을 맞이하는 사람이 얼마나 많은가. 누구나 언젠가는 떠나야 할 길이라면 그것을 맞을 준비를 해야 하는 것이 지혜로운 사람의 길이다.

삶에는 죽음의 그림자가 항상 따라다닌다. 죽음은 삶의 마무리이며 죽음으로써 삶은 완성된다. 누구나 한 번 왔다 한 번 가는 인생인데 죽음을 두려워하기보다 아름다운 삶을 살지 못하는 것을 두려워해야 한다. 우리의 삶은 죽음으로 가는 과정이다. 내가 이 세상에서 받은 것보다 조금 더 많이 돌려주고 가는 삶, 그래서 내가 이 세상에 오기 전보다 조금이라도 더 따뜻한 세상을 만들고 떠나는 삶이라면 죽음 또한 두렵지 않을 것이다.

벚꽃 아래서 대화를 나누던 스승과 제자가 있었다.

제자가 물었다.

"스승님! 죽음이 무엇입니까?"

활짝 핀 꽃을 가리키며 스승이 말했다.

"지금 핀 꽃이 작년에 핀 꽃과 같은 꽃이냐, 다른 꽃이냐?"

제자는 그 순간 깨달았다.

고대 그리스 철학자 에피쿠로스는 죽음에 대해 이렇게 말했다.
"가장 두려운 일인 죽음은 우리에게 아무 것도 아니다. 왜냐하면 우리가 존재하는 한 죽음은 우리와 함께 있지 않으며, 죽음이 오면 우리는 존재하지 않기 때문이다. 그렇다면 죽음은 산 사람이나 죽은 사람 모두와 아무런 상관이 없다. 산 사람에게는 아직 죽음이 오지 않았고 죽은 사람은 이미 존재하지 않기 때문이다."

나 자신의 죽음은 내가 경험할 수 없는 영역에 속한다. 우리가 죽음에 대해서 갖고 있는 경험과 의식은 모두 타인의 죽음을 통해 얻어진 것이다.

우리가 죽은 후 육신이 없어지더라도 영혼은 있는 것인가, 사라지고 마는 것인가? 있다고 할 수도 없고 없다고 할 수도 없다. 그것을 알면 깨달은 사람이다. 깨달으면 삶과 죽음을 초월할 수 있다. 이것 하나 깨닫기 위해 평생을 공부하는 것이다.

깨달은 사람은 죽음을 슬퍼하지 않는다. 삶과 죽음이 하나라는 것을 아는 것이다. 장자가 그랬고 석가가 그랬다. 육체란 우리가 살면서 거주하는 집이나 고치와 같은 것이다. 고승들은 죽음을 입고 있던 낡은 옷을 벗어버리는 것과 같이 보았다.

어느 늦은 여름 날, 마당에서 매미가 나뭇가지에 허물을 벗고 날아갔다. 그것을 보는 순간, 영혼이 날아간 육신과 같다는 생각이 들었다.

우리는 사랑하는 사람의 죽음 앞에서 운다. 육신이 그 사람이라고 생각하기 때문이다.

그러나 이미 영혼이 없는 육신은 영혼의 허물에 불과하다.

우리가 죽음을 두려워하는 것은 육신과 영혼을 분리하지 못하기 때문이며 가진 것과 사랑하는 사람을 모두 내려놓고 빈손으로 떠나야 하기 때문이다.

인디언 마카오족의 기도문 중에도 이런 말이 나온다.

"내 무덤 앞에 서서 울지 마오.

거기 난 없다오.

거기 잠든 게 아니라오."

당나라 육조 혜능이 인간세상을 떠날 때가 되자 제자들이 한자리에 모여 울었다. 그때 혜능이 말했다.
"너희들이 슬피 우는 까닭은 내가 가는 곳을 알지 못하기 때문이다. 안다면 슬퍼할 것 없다. 죽음도, 오고감도 없는 것이다."
제자들은 울고 있었지만 혜능은 편안한 마음으로 열반하였다.

인생은 하나의 긴 여행이다. 여행의 끝은 왔던 곳으로 돌아가는 것이다.
우리가 죽음이라는 관문을 통해 육체를 떠난다는 것은 내가 왔던 곳, 즉 나의 고향으로 돌아가는 것인지도 모른다.
《어린왕자》에서 어린왕자는 "내 몸은 버려야 할 껍데기 같은 거야. 낡은 껍데길 버린다고 슬퍼할 건 없어"라는 말을 남기고 지구를 떠났다. 남기고 간 몸은 껍질이었을 뿐 그는 5천 송이의 장미가 있는 자신의 별로 돌아간 것이다.
어렸을 때 생각한 것처럼 내가 죽으면 다시 화성으로 돌아가는 것일까?
아름다운 여행은 얼마나 오래 하였는가에 달려 있는 것이 아니

라 어떻게 하였는가에 달려 있다. 아름다운 여행을 한 사람은 즐겁게 돌아갈 것이고, 그렇지 못한 사람은 돌아가는 것이 혼란스럽고 불안할 것이다.

떠나야 할 시간은 반드시 오고야 만다. 사랑하는 사람이 떠나야 할 시간도 어김없이 올 것이고, 나 자신이 떠나야 할 시간도 반드시 온다.

늙어가는 것이 두려운 것이 아니라 삶을 제대로 살아보지 못하고 늙어가는 것이 두려운 것이다. 여행지에서 많은 것을 보고 즐기고 경험한 사람이 여행을 마치고 자신이 왔던 곳으로 즐거운 마음으로 떠나듯이 우리도 자신의 지상에서 하루하루를 소풍처럼 눈부시게 살다가 떠날 때가 되면 미련 없이 떠날 수 있도록 살았으면 좋겠다.

우리에게 중요한 것은 언젠가 죽는다는 사실이 아니라 지금 살아 있다는 사실이다. 죽음에 연연하는 것은 현재의 삶을 낭비하는 것과 같다.

삶에서 가장 큰 상실은 죽음이 아니라 우리가 살아가는 동안에 우리 안에서 삶을 잃어버리는 것이다. 우리는 대부분 소중한 것을 보지 못하는 어리석은 존재들이다. 그렇기 때문에 소중한 무엇을 잃고 나서도 자신이 무엇을 잃었는지도 모른다. 알아차렸을 때는 죽음이 가까이 왔을 때이다.

두려움을 앞둔 사람에게는 너무 시간이 빨리 흐르고 즐거움을 앞둔 사람에게는 시간이 너무 더디게 흐른다. 두려워하기 보다는 현재를 즐기는 것이 죽음을 극복하는 길이다.

내가 태어났을 때는 아무 것도 몰라서 울었지만 죽을 때는 웃으며 떠나고 싶다. 그게 안 되더라도 죽음 앞에서 떠는 일은 없을 것이다.

맺는말

*
**
**
**
**

매일 두 눈을 뜨고 살았는데 세월을 도둑맞은 느낌이다. 옛날
의 일들은 돌에 새긴 것 같이 뚜렷하고, 얼마 전의 일들은 모래
에 새긴 것 같이 희미하다. 이것이 나이 든 증거가 아닐까 생각
한다.

지금까지 살아오면서 행복한 날들이 무척 많았다. 많이 사랑
하고 많이 웃었다. 가끔 화가 나거나 우울한 날도 있었고, 마음
졸이거나 근심으로 지샌 날들도 있었지만 내 인생에 최악의 일
은 없었다. 그런 면에서 나는 행운아다.

문제는 언제든지 일어날 수 있지만 실제 일어난 일보다 문제라
고 생각한 게 훨씬 더 많았다. 다른 사람 때문에 일어난 것이라
생각한 문제도 지금 생각해보니 나 자신에게도 원인이 있었다

는 것을 알게 되었다.

앞으로 좀 더 달라지고 싶은 것이 있다면 지금 이 순간을 더 즐기고 타인을 좀 더 사랑하는 일이다. 많은 사람을 사랑할 수는 없지만 가까운 사람을 더욱 사랑할 수는 있을 것 같다.

종교에서 말하는 천국은 모르겠지만 지금 여기가 천국인 것은 확실하다. 하늘에 구름 한 점 없어야 좋은 날씨가 아니듯이 우리의 삶이 완벽해야 천국이 되는 것은 아니다. 있는 그대로 보고 지금 이 순간을 즐길 수 있으면, 언제 어디서나 천국을 누릴 수 있다.

나는 아이 같은 어른으로 살아가고 싶다. 삶의 지혜를 가지고 있으면서 아이같이 순진한 그런 사람으로 살고 싶다.

삶에서 문제나 고통이 없기를 바라지 않을 것이며, 대신 문제를 해결할 수 있는 능력을 키우고 피할 수 없는 고통은 겸허히 받아들일 것이다.